U0960207

河北师范大学马克思主义新闻观系列丛书

新闻视听实践新范式

申林◎著

天津大学出版社
TIANJIN UNIVERSITY PRESS

图书在版编目（CIP）数据

新闻视听实践新范式 / 申林著. -- 天津：天津大学出版社, 2025. 6. -- ISBN 978-7-5618-7998-6

Ⅰ. G21-39

中国国家版本馆CIP数据核字第2025CU0146号

2023-2024年度河北省社会科学基金项目“数字化赋能下南运河区域文化遗产保护传承新路径研究（项目编号：HB23YS032）”的阶段性研究成果。

策划编辑 余莉花
责任编辑 余莉花
责任印制 宋 磊

出版发行 天津大学出版社
地 址 天津市卫津路92号天津大学内（邮政编码：300072）
电 话 022-27403647
网 址 www.tjupress.com.cn
印 刷 廊坊市海涛印刷有限公司
经 销 全国各地新华书店
开 本 787mm × 1092mm 1/16
印 张 12.5
字 数 237千字
版 次 2025年6月第1版
印 次 2025年6月第1次
定 价 78.00元

序

马克思主义新闻观是科学的理论指引，新闻视听则是重要的新闻呈现手段，二者紧密相连，相互影响。新闻视听作为现代新闻传播内容体系的核心构成，理论基础与实践路径都经历着深刻的变革和创新的浪潮。

马克思主义新闻观为新闻视听的发展提供了方向指引。在新媒体时代，信息传播迅速且繁杂，新闻视听面临诸多挑战。坚持马克思主义新闻观，能让新闻视听在复杂环境中坚守底线，应对虚假信息、低俗内容的冲击，确保新闻视听始终朝着健康、积极的方向发展，在多元传播格局中发挥正面引导作用。一方面，马克思主义新闻观强调新闻的真实性、客观性和党性原则。真实性要求新闻视听必须如实记录事件，不能摆拍、造假，确保镜头捕捉到的画面是现实的真实反映。新闻视听要以客观的视角去拍摄，不被个人情感和偏见左右，全面展现事件的各个方面。党性原则使得新闻摄像工作服务于党和人民的利益，传播正能量，弘扬社会主义核心价值观，让新闻视听作品成为党和人民的喉舌。另一方面，在科技飞速发展的当下，人工智能正以前所未有的态势渗透到各个行业，新闻视听领域也深受其影响。从拍摄流程到内容创作，从行业生态到职业发展，人工智能带来的变革既充满机遇，也引发了一系列思考。作为“河北师范大学马克思主义新闻观系列丛书”中的一本，本书以马克思主义新闻观为指引，从媒体融合背景下新闻视听理论基础、新技术赋能新闻视听语言发展创新、全媒体时代新闻视听类型的再延伸、智能化新闻视听拍摄协同与新趋向来探究新闻视听带来的深刻变革，以及创作实践新范式。

马克思主义新闻观是新闻视听的灵魂，为其提供理论基础和价值导向；新闻视听则是马克思主义新闻观的生动实践载体，二者相辅相成，共同推动新闻事业在新时代实现高质量发展，为社会进步贡献力量 。

河北师范大学新闻传播学院

前言

新闻视听通过直观的视觉影像，使马克思主义新闻观的理念得以更生动、更形象地传播。镜头捕捉的画面具有强大的感染力和说服力，能够让观众更直接地感受到新闻事件所蕴含的价值和意义。新闻视听作为现代新闻传播内容体系的核心构成，理论基础与实践路径都经历着深刻的变革和创新的浪潮。

第一章从新闻视听的内涵与特征、专业性要求两个方面，全面梳理其发展历程、核心要素及未来趋势。新闻视听内容生产的起源可追溯至摄影技术的诞生，随着技术的不断进步，它逐渐发展成为新闻报道中不可或缺的一环。新闻视听的专业性要求体现在多个方面，其中真实性、客观性和即时性是最为核心的三点。

第二章讲述了新闻视听须遵循的技术性原则及实践应用。摄像记者须具备扎实的专业技能和良好的个人素养，包括熟练掌握拍摄设备的操作、了解新闻摄影的基本构图原则、具备敏锐的审美眼光等。同时，新闻视听内容的选择也需格外慎重，要确保拍摄内容具有新闻价值和社会意义。在拍摄过程中，记者还需注意保持身体健康和精神状态良好，以应对复杂多变的拍摄环境和工作压力。随着媒体技术的不断发展，新闻视听的实践性应用呈现出新特点。在传统媒体与新媒体的对比中，新闻视听内容的传播主体更加多元，传播成效也显著提升。新闻视听需充分利用新媒体平台拓宽传播渠道，提高传播效率。另外，传统摄像与新时代技术的结合也是新闻视听内容发展的重要趋势。随着无人机、VR/AR等新技术的应用，新闻视听的表现形式更加丰富多样。新闻记者需不断学习新技术、新技能，将其融入新闻摄像实践之中，以更加生动、直观的方式呈现新闻事件。新闻视听作为现代媒体传播的重要内容，其内涵丰富、特点鲜明、专业性要求高且实践性应用广泛。在未来的发展中，新闻视听将继续发挥其独特优势，为公众提供更加真实、客观、即时的新闻信息，推动媒体行业的持续进步与发展。

第三章以新闻视听内涵特点以及相关技术、专业性要要等方面为研究基础，着重分析新闻内容生产中视觉元素的构成、作用特点以及在新技术赋能下对传统新闻视听的重塑，及其对未来新闻内容视听化表达的影响和发展。其一，景别和构图的视觉表现是新闻视听内容表达的基础。建构新闻内容的视觉逻辑，不仅是影像呈现的表现手段，更形成信息传达和情绪彰显的重要媒介。其二，不同的镜头运动形态丰富了新闻影像表意化的多样态发展。镜头运动形式不仅是新闻内容视觉层面的动态变化，更是为了强化新闻内容而塑造的新闻叙事深度和情感张力，并在新技术赋能下使得观众的多感官体验上升到沉浸式体验。其三，光线与色彩的匹配调节进一步渲染新闻场景的影像情绪。不同光源与方位的匹配形成不同的画面造型效果，并在画面色彩的调试下提升信息情感传达，光线与色彩的巧妙结合不仅是视觉上的画面设计，更是传递新闻事件情感、塑造场景氛围的核心手段。其四，对新闻场面调度的节奏把控体现新闻现场摄制协同度。精准的节奏控制有助于镜头与镜头、场景与场景之间的顺畅衔接，镜头切换、人员移动、设备调整等方面的默契配合，使新闻事件的传递更为流畅、有序，确保了新闻报道的高效性和信息传达的连贯性，增强了新闻报道的时效性与专业水准。其五，同期声摄录与制作的过程是对新闻现场真实性还原的过程。一方面提升了新闻内容的表现力，另一方面对观众的理解和情感共鸣产生了深远影响。同时，解说词作为新闻画面之外的语言叙述，通过文字和声音的形式传递背景信息、细节解释和情感引导，不论是解说词的风格塑造还是新闻主播的声音传达，都对画面信息的补充起到关键作用，为观众提供更全面的新闻理解。综上，新闻画面呈现的基础元素作为影像表达的叙事语言，因新技术的加持而打破传统视听常规，在现代新闻讯息快速发展进程中，新闻视听持续增强画面表现力、新闻信息与情绪传递可感力，符合当下观众审美趋向引领力的理论与实践，从而推动新闻媒体行业长足发展。

第四章从新闻消息、新闻评论和深度报道等类型出发，系统分析新闻影像特点、具体应用及未来发展趋势。首先，新闻消息作为新闻体裁中的一大类别，在于以最直接、最简练的方式迅速及时地报道新近发生的新闻事实。其一，全媒体时代，新闻消息的再延伸主要体现在传播渠道的多样化和快速化。新闻消息具有内容多元化、传播即时化、互动参与化以及技术创新化等特点。其二，随着媒体技术的不断发展，新闻消息的呈现方式也在不断创新延伸，包括新闻消息的个性化推荐、新闻消息的社交化传播和新闻消息的多媒体融合报道等新范式。其三，画面和解说词的制作共同构成了新闻消息的核心内容。在画面制作和解说词制作中要注意解说词要与画面紧密配合。在制作过程中，要注意选材和拍摄，需要技术加工和快速处理，满足新闻消息的时效性要求。提高制作效率，简化制作流程。其次，新闻评论是新闻传媒针对现实生活中新近发生的、具有普遍意义的新闻事件，迫切需要解决的社会问题或公众广泛关注的社会话题发表的议论或做出的分析。它与纸媒的新闻评论表现出不同的特点，如传播的及时性、参与的广泛性、便捷的互动性、媒介的多样性、双方的平等性以及意见的多元化。现场报道这种报道形式能够实时、直接地传递新闻事件的信息，使受众感受到强烈的现场氛围，增强新闻报道的真实感和可信度。它能够提供丰富的视觉和听觉信息，使观众更加全面地了解新闻事件的全貌。同时，在拍摄过程中，记者要养成基本的拍摄习惯，符合拍摄要求。因而可以不同的角色定位来采访和报道事件。这样记者所提出的问题，也就更容易符合观众期待。最后，深度报道是系统地反映重大新闻事件和社会问题、深入挖掘和阐明事件的因果关系，以揭示其实质和意义并追踪和探索发展趋向的报道方式。通过对事件进行深入的剖析和解读，深度报道能够揭示事件的本质和规律，帮助观众更好地把握事件的走向和趋势。一方面，在新闻实践中，深度报道可以涵盖多种类型，包括解释性报道、调查性报道、预测性报道等。另一方面，深度报道的拍摄和制作是一个综合且细致的过程，它要求记者和摄影师不仅要有敏锐的洞察力，还要有丰富的专业知识和技术。在深度报道拍摄制作中需要重视新闻时效性、注重声音与画面的结合、强调现场采访和挖掘等。综上，新闻消息、新闻评论和深度报道作为新闻报道的三种重要形式，各自承担不同的角色和功能，共同构成复杂多变的新闻视听生态。伴随传播手段和传播方法的创新，视听类型不断丰富和延伸，传播效能全方位加强和提高。全媒体时代，通过合理运用传播媒介和传播方式，可为观众提供全新的综合性服务，进而达到全面展现视听效果。

第五章从智能化新闻视听的范式重塑及表征阐述硬件技术迭代发展下新闻领域内容生产所发生的联动变革。新闻报道所追求的真实性、即时性、准确性特征持续促进内容采集设备更新升级。高精度、轻量化、自动化的视听采集设备能够提升摄像师的拍摄效率，弱化突发类、灾难类新闻事件现场拍摄与报道的难度，且伴随人工智能大语言模型的快速发展，新闻生产中模式化、流程化的步骤在算法的加持下降本增效。此外，新闻传播路径也在数智技术的驱动下更为精确，但算法偏见、新闻生产主体性转移、信息壁垒筑高等阶段性难题仍需在实践中攻克。

第六章讲述智能化新闻视听的技术基础与应用。5G、4K/8K超高清技术、无人机航拍、虚拟演播室等智能化技术为新闻视听开创了全新的生态格局。超高传输速率、多链路聚合技术、虚拟现实技术使新闻直播与互动形式发生跨域性转变，超高清技术对现场细节精准还原，通过计算机实时合成的虚拟场景与无人机拍摄提供多维的视角，成为提升新闻体验感与参与度的核心要点。

第七章讲述新技术驱动新闻视听的协同新生态。技术的发展减小了新闻领域工作者拍摄操作的难度，智能化便携设备降低了非新闻领域内容生产者专业化创作的门槛。智能手机硬件性能的提升在促进新闻内容进入“全民制作”阶段的同时，也促使新闻信息传播进入“快分享”时代。智能手机所配备的专业化拍摄软件简化了高质量内容的拍摄流程，具备泛在性、即时性、社交参与性、互动性、真实性与现场感的手机新闻摄像迎来黄金发展期。同时，在新闻传媒领域，智能机器人拍摄装备为新闻内容的采集、制作与传播带来了拍摄视角与范围的拓宽，提高了拍摄效率与质量，增强了拍摄安全性与稳定性，突破了传统新闻生产在时间与空间上的局限性。综上，智能化新闻拍摄技术是新闻生产与传播的关键要素，随着5G、区块链、人工智能等技术的不断进步，新闻领域的底层生产逻辑与传播路径将持续进行重组升维，智能化新闻视听拍摄将迎来更为广泛的应用空间。

在马克思主义新闻观指引下，新闻视听作为新闻传播的核心，不论是在新技术赋能还是全媒体语境下的类型转向背景下，都正在经历显著的变革与创新。本书从新闻摄像的内涵、特点、专业性要求和技术性原则切入，涵盖了新闻视听在新技术赋能下的视觉元素构成、作用特点和对传统新闻视听重塑的内容。同时，探讨了新闻摄像在新闻消息、新闻评论和深度报道三种类型中的应用以及智能化新闻视听拍摄的技术基础、新生态的可能性，为融媒体时代新闻视听创作的实践提供了新范式，有力地推动着新闻媒体行业的长足发展。

申林

2025年1月

目录

第一章　媒体融合背景下新闻视听理论基础 / 001

第一节　新闻视听的内涵与特征 / 003

第二节　新闻视听的专业性要求 / 012

第二章　新闻视听的技术性原则及实践应用 / 017

第一节　新闻视听的技术性原则 / 018

第二节　新闻视听的实践性应用 / 025

第三章　新技术赋能新闻视听语言发展创新 / 035

第一节　视觉叙事：景别构图建构新闻摄像表现基础 / 037

第二节　感知强化：镜头运动提升新闻观众沉浸感体验 / 048

第三节　情感氛围：光线色彩渲染新闻场景影像情绪 / 055

第四节　节奏转换：场面调度建构新闻现场编摄协同 / 069

第五节　声画结合：同期声与解说再塑新闻声音活力 / 084

第四章　全媒体时代新闻视听类型的再延伸 / 099

第一节　新闻消息 / 101

第二节　新闻评论 / 109

第三节　深度报道 / 119

第五章　智能化新闻视听拍摄协同与新趋向 / 135

第一节　智能拍摄：技术迭代提升新闻报道质量 / 137

第二节　人机协同：自动化摄制流程实现新闻生产降本增效 / 141

第三节　采写编评：数智技术赋能新闻生产全链路变革 / 144

第四节　AIGC：新质生产力发展下新闻传者与受者的身份转换 / 147

第六章　智能化新闻摄像的技术基础与应用 / 153

第一节　5G 与 VR 技术的应用 / 154

第二节　4K/8K 超高清技术在新闻拍摄中的应用 / 156

第三节　无人机航拍技术的应用 / 160

第四节　虚拟演播室技术的应用 / 164

第七章　新技术驱动新闻视听的协同新生态 / 167

第一节　全民参与的手机新闻摄像 / 168

第二节　智能协同的机器人摄像系统 / 173

参考文献 / 181

附录　/ 187

后记 / 189

第一章

媒体融合背景下新闻视听理论基础

习近平总书记在向2022年世界互联网大会乌镇峰会致贺信中指出："当今时代，数字技术作为世界科技革命和产业变革的先导力量，日益融入经济社会发展各领域全过程，深刻改变着生产方式、生活方式和社会治理方式。"回顾信息传播媒介的历史演进轨迹，从口语传播的原初形态，经由文字记录的稳定时期，再到印刷技术推动的信息大爆炸，直至现今电子媒介，尤其是数字技术的全面兴起，每一阶段都标志着信息传播能力的飞跃。在这一宏大的媒介变迁进程中，录影技术与放映机的诞生无疑具有里程碑意义，它们标志着新闻传播载体的一次重大革新，使新闻信息得以脱离传统纸质媒体的束缚，拥有了更为生动、直观且跨越时空限制的传播形态。在媒体融合这一全球趋势的深刻影响下，新闻视听作为新闻传播体系中不可或缺的关键环节，其理论基础与实践应用均展现出蓬勃的发展态势，不断吸纳新技术、新理念，以适应并引领信息传播的未来发展。一方面，短视频时代，信息的海量涌现、信息获取途径的多样化使得人们不再满足于传统视频新闻的简单呈现，而更注重质量、创意和深度。另一方面，摄像设备、视频编辑软件的使用以及新闻媒体平台的更迭等，无一不体现出视频生产对数字技术的依赖。数字技术的不断演进，为视频制作和发布提供了更广泛的创作空间，也对从业者提出了更高的技术要求。

新闻视听的内容生产最早萌发于19世纪中叶的德国，但受限于当时的技术条件，新闻图片并未广泛传播。直至19世纪末，随着照相制版技术的突破，新闻图片开始登上报刊，这标志着新闻摄影时代的到来。纳达尔等先驱通过创新实践，如空中摄影、专题摄影采访等，推动了新闻摄影艺术与技术的双重发展。进入数字化时代，新媒体环境促使新闻摄像行业发生深刻变革，不仅革新了技术形态，更在文化、审美和互动模式上实现了质的飞跃。一方面，新闻视听以真实为原则，结合摄像技术捕捉并传播新近发生的事实是新闻报道的基础与核心。另一方面，其外延则体现在通过视觉信息捕捉，使观众获得更为直观的信息，相较于文字报道，更具直观性、可看性和生动体验性。新闻摄像相比于其他摄像而言，一是对象与内容具有客观实在性，即所摄取的视听形象以及由此构成的影片内容，与自然或生活中的事物具有对应关系。二是对象事物的发展变化具有自在性，记者需要随时关注事物的发生和发展，进行即时的内容选择和影像处理。三是摄像方式与方法要遵从真实性原则，无论是构图处理、运动处理还是光线和色彩处理，都需以真实为基础。四是镜头摄取与表现具有即时限定性，记者只能在尊重客观事实的基础上进行影像摄取与创作，无法像艺术摄像那样进行干预拍摄或重拍。

第一节 新闻视听的内涵与特征

随着信息技术的飞速发展，传统媒体与新兴媒体之间的界限日益模糊，媒体融合成为不可逆转的趋势。融媒体新闻视听作为这一背景下的重要实践方式，不仅融合了文字、图片、音频、视频等多种传播手段，还通过互联网技术、移动设备等新兴媒介平台，实现了新闻信息的即时采集、编辑、发布与互动。通过利用多种媒体形态和技术手段，融媒体新闻视听实现了新闻事件的全方位、多角度、立体化呈现，以满足受众日益多样化的信息需求。

一、媒体融合与新闻视听的起源

新闻视听的兴起，固然植根于摄影技术的创新与发展之中，但新闻摄影与摄影术的诞生并非同步进行。在摄影术诞生之初，人们醉心于它对自身影像的真实复制，忽视了它在艺术创作与社会纪实方面的功能[1]。同时，鉴于当时社会尚未构建起一套完善且成熟的新闻传播体系，摄影术在初期并未迅速融入新闻摄影的实践领域。因此，新闻摄影作为摄影术应用的一个重要分支，其发展历程相较于摄影术本身的诞生显得稍为滞后。

新闻摄影的真正萌芽可追溯到1842年的德国。19世纪末，新闻照片开始在英、法、美、德等国的报刊上发表，但其作用仅限于点缀版面或作为文字的插图。1842年5月5日，德国汉堡发生了大火，连续烧了四天。比欧乌和史特尔茨纳二人赶到火灾现场，拍下了有关废墟的许多照片，这是世界上最早的新闻摄影活动[2]。但他们拍摄的照片，后来大多散失，仅存一幅，即第一幅新闻照片《汉堡大火》(图1-1-1)。由于照相制版术尚未发明，新闻照片《汉堡大火》未能在报纸上刊登。

图1-1-1 《汉堡大火》 赫尔曼·比欧乌 摄于1842年5月

❶ 李培林. 当代新闻摄影教程[M]. 上海：复旦大学出版社，2007.
❷ 门中卫. 抓拍：新闻摄影最基本的表达方法[J]. 记者摇篮，2020(5)：85-86.

当时《伦敦新闻画报》报道“汉堡大火”所用的插图，是一位画家根据英国博物馆馆藏的汉堡旧画创作而成的。此后，有不少重大新闻事件被摄影师们拍摄下来，如英国摄影师芬顿拍摄的英、法、土与俄的战争照片，布雷迪拍摄的记录美国南北战争的照片等。然而这些新闻照片都因照相制版术尚未问世，未能在当时的报刊上刊登。

为了使图片能够印在纸上，人们从19世纪40年代开始探索。但直到19世纪80年代，用油墨在印刷品上印制照片的技术问题才开始得到解决。1880年3月4日，美国纽约的《每日图画》报，刊登了一幅题为《纽约棚户区违章建筑》的照片，这是世界上第一幅刊登在报刊上的新闻照片，也是新闻摄影史上印刷技术的重大突破，为新闻照片的广泛使用开辟了新天地❶。1904年1月7日，世界上第一家用照片报道新闻的报纸——英国《每日镜报》创刊。这家报纸率先以照片为主报道新闻而获得了成功，世界各地的报纸竞相仿效。从此，新闻摄影时代到来了。

20世纪，随着电影和电视技术的发展，新闻视听逐渐从静态的图片转向动态的视频，通过镜头语言生动、直观地记录和传播新闻事件，为受众提供了更加丰富、真实的信息体验。尤其是到了20世纪90年代，随着信息技术的迅猛发展，特别是互联网技术的普及和应用，传统媒体与新兴媒体之间的界限日益模糊，媒体融合成为一种不可逆转的趋势。媒体融合不仅改变了信息的传播方式和渠道，也深刻影响了新闻视听的生产方式和传播效果。

媒体融合的概念最早由美国人尼葛洛庞蒂提出，在其设想中，印刷出版行业、计算机行业和广播电视行业的融合是三个相互交叉且趋于重叠的圆环。媒体融合的发展始于20世纪90年代中期，它涵盖了技术融合、内容融合、平台融合、产业融合、文化融合等多个方面，这一进程随着数字化技术的萌芽与互联网的广泛渗透而逐渐进入公众视野，并日益受到重视。技术融合是媒体融合的核心驱动力。而数字传播技术的发展则打破了印刷媒介、音频和视频媒介之间的形态区隔而形成数字媒体样态，将文本、视频、音频、交互式图形等融合在一个平台上去呈现“叙事流”带来的内容载体融合、传播渠道融合和终端融合❷。平台融合是媒体融合的关键环节。随着媒体技术的发展，媒体平台逐渐从单一形态向多元、融合的方向发展，传统媒体纷纷建立官方网站、社交媒体账号、移动客户端等新媒体渠道，

❶ 佚名. 第一张印刷在报纸上的照片[J]. 新闻与写作，1993（2）：45.

❷ 陈昌凤. 媒体融合：策略与案例[M]. 北京：中国社会科学出版社，2019.

形成“两微一端一网”的全媒体矩阵；而新兴媒体也通过投资、并购等方式涉足传统媒体领域，实现资源互补与优势整合。产业融合拓展了媒体发展边界。媒体产业融合既是媒体与其他产业的融合，也是媒介内部资源、生产、产品、技术、市场、服务等各个方面的重构与重组，各个产业在生产层面的交融是媒介融合的本质。在媒体融合过程中发生的生产者与消费者两端文化的相互结合与吸收，通过传播的互动手段，充分挖掘用户的价值和能动作用，促成了“产消”之间的融合，由此形成了文化融合[1]。

2014年被称为“媒体融合元年”，“媒体融合”作为显性话题受到学界的持续关注[2]。在中国，媒体融合的进程在“中央厨房”的建立并运作后开始加速，特别是2018年的县级融媒体中心[3]和2020年的四级融合政策[4]，进一步推动了中国媒体融合的深入发展。

二、新闻视听的内涵与外延

新闻视听是对正在发生的新闻事实进行瞬间形象摄取，并辅以文字说明进行报道的传播形式，概括地讲，就是图文结合的信息传播方式。“新闻价值”和“形象价值”历来被认为是新闻视听的两大要素。

（一）新闻视听的两大要素

1. 新闻价值的内涵体现

新闻价值是构成新闻的核心要素，新闻视听的新闻价值体现在题材重大、独家新闻、拍摄难度大、时效性强、接近性强几个方面，即重要性、显著性、时效性、趣味性和接近性等。重要性是指为大多数人所关切、于社会生活产生较大影响的事件属性；显著性指新闻中人物、地点、事件的知名度越高，相对新闻价值越显著；

---

[1] 陈昌凤．媒体融合：策略与案例[M]．北京：中国社会科学出版社，2019.

[2] 陈力丹，廖金英．我国传媒产业将如何重新洗牌：2014年话媒体融合[J]．广播电视信息，2015（1）：27-30.

[3] 2018年8月21日习近平总书记在全国宣传思想工作会议上的讲话中，进一步提出“要扎实抓好县级融媒体中心建设”。

[4] 2020年中共中央办公厅、国务院办公厅印发的《关于加快推进媒体深度融合发展的意见》中，提出以先进技术引领驱动媒体融合发展，通过5G、大数据、人工智能等关键技术，按照资源集约、结构合理、差异发展、协同高效的原则，完善中央媒体、省级媒体、市级媒体和县级融媒体中心四级融合发展布局。

时效性指新闻事件发生时间越近、新闻感越强，其新闻价值越大；趣味性是指新闻事件所具有的引发受众兴趣的属性；接近性指新闻事实具有的与受众在地理、职业、年龄、喜好、心理、政治立场以及利害关系等方面的接近程度，接近性越强，越具有新闻价值[1]。

2. 形象价值的内涵

新闻视听的形象价值主要是指新闻照片的视觉冲击力，或称为视觉吸引力。

长期以来，许多新闻摄影的研究人员和实际工作者都认为在这两大要素中，新闻价值是首位的，因为新闻视听属于新闻范畴而不是艺术范畴。

（二）新闻视听的特性内涵

1. 新闻视听的传统特性

新闻视听具有新闻性、真实性、形象性三大特性。新闻性是各种新闻传播形式所共有的属性，可直接体现在新闻照片所具有的新闻价值上；新闻视听的真实性有两个层面——事实真实和总体真实，这是新闻视听真实性的基本要求；形象性是摄影所具有的“与生俱来”的特性之一。用视觉形象表现新闻事件的情节、主要内容和新闻的意义，新闻信息量蕴含于新闻形象之中。新闻摄影的形象性包含可视的形象、瞬间的典型形象、历史的纪实形象。

在陆定一对新闻的定义中，“新闻是新近发生事实的报道”，对接了新闻摄像的时新性和真实性特点，但随着媒介的发展变化，尤其是电视媒介的出现改变了传统新闻视听的价值理念和传播范式。传统的新闻视听只是集中以图文的方式呈现新闻内容，激活人的视觉感官，而电视新闻摄像则开启了人的视听感官体验。电视新闻具有新闻现场的证实价值、新闻传播的即时性、新闻内容的易受性、新闻画面情节的不完整性等传播特性。与传统新闻摄像定格于瞬间画面不同，电视新闻摄像具备了运动性和衔接性的特点，运动正是电影画面最独特和最重要的特征。电视新闻摄像不仅捕捉静态的瞬间，更通过连续动态的影像序列，展现事件发展的过程与细节，使观众能够身临其境地感受到新闻现场的动态氛围与情感变化。这种运动性不仅增强了新闻的视觉冲击力，也提升了信息的传递效率与深度。衔接性即蒙太奇手法的运用，蒙太奇作为一种独特的电影语言，通过镜头的剪辑与组合，创造出超越单个镜头本身意义的全新叙事结构和情感表达。

---

[1] 胡云芳. 新闻价值的挖掘与提升[J]. 新闻知识，2011（6）：33-35.

2. 媒体融合背景下新闻视听的外延

现代电视新闻学对“电视新闻”的定义是“以现代电子技术为传播手段，以声音、画面为传播符号，对新近或正在发生、发现的事实的报道”。这个定义突出反映了新闻时效在电视新闻中的重要意义，即电视新闻不仅强调“新近”，而且更强调“正在”。也就是说，过去的时效概念是“TNT”——Today News Today（今天的新闻今天报），而现代电视新闻理念对时效性的认识已变为“NNN”——Now News Now（现在的新闻现在报），时效意识就是现代电视新闻报道传播要在第一时间同步报道的概念[1]。这一点在当今媒体融合的背景下尤为明显，互联网技术的蓬勃发展、移动设备的普及以及5G通信技术的突破性应用，使新闻摄像能够跨越地理限制，实现实时拍摄与直播，显著提升了新闻传播的效率与即时性，达到了高度时效化的全新境界。这一过程不仅反映了技术进步对新闻业态的深刻影响，也强调了在新时代背景下，新闻视听需不断创新与适应，以更好地满足公众对于信息快速获取与现场体验的需求。

（1）在媒体融合时代，随着互联网技术的迅速发展，自媒体迅速崛起，依托移动影像技术的飞速发展，摄影创作的门槛显著降低，非专业人士也能便捷地参与新闻影像的生产与传播。这一现象不仅挑战了传统新闻摄影的专业壁垒，也极大地丰富了新闻素材的来源与多样性。自媒体博主在重大新闻事件中的即时响应与现场记录，成为主流媒体新闻素材的重要补充，尤其在突发事件中，自媒体影像资料能够迅速传播，展现了其独特的价值。与此同时，传统媒体面临经营困境，摄影部门缩减乃至裁撤，全职摄影记者数量减少，新闻摄影逐渐呈现出国民性创造的特征，即越来越多的新闻照片由普通人通过智能手机拍摄并上传至网络。这一变化要求新闻摄像记者必须适应新的媒体生态，从单一技能向全能型融媒体记者转型，掌握跨平台内容创作与传播的能力，以满足多元化媒体环境的需求。

（2）媒体融合也带来了新闻视听创作深度与质量的挑战。在互联网“快餐”文化的冲击下，新闻报道的时效性成为首要考量，导致部分新闻摄像记者为追求速度而牺牲了作品的艺术性与深度。因此，如何在保证时效性的同时，提升新闻视听的质量与深度，成为当前新闻摄像记者亟待解决的问题。其中，最明显的变化在于受众已经不再满足于单纯的节目欣赏，传统的电视播出形式和观众收看的方式都已经

---

[1] 叶子．现代电视新闻学［M］．北京：中国广播电视出版社，2005.

无法适应当前社会发展的需要，大众逐渐开始参与到各类节目的台前和幕后等各个环节当中，使得新媒体的形式进一步发生转变。当前，在互联网通信这一技术基础的支撑下，各类社交平台、应用程序等都应实现与众多移动终端设备紧密连接，并且各类新闻事件的时效性和广泛性均能够体现在人们的日常生活和工作生产当中。在此基础上，新媒体技术的发展速度不断加快，逐渐出现“人人皆记者”的现象，人们可以通过移动设备或专业摄像设备实现对生活中各类事物、事件的实时记录，并将所记录的图像、视频上传到各个社交平台中[1]。受众也能够有针对性地获取各类资讯，并从多个角度自由地发表意见和态度。

（3）随着现代科技手段的不断进步，移动设备不再是只能实现语音通话的工具，而是一种包含拍摄、视频和网络连接等功能于一体的智能终端设备[2]。移动终端设备中存在多种多样的适合互联网环境的应用软件，使得其具备对新闻现场进行采编见证的重要功能。据统计，绝大部分的移动设备都具备拍摄功能，尽管在像素和拍摄效果上无法比拟专业新闻摄像，但其时效性往往是专业的新闻摄像所不具备的。因此，比起专业摄像工具而言，通过移动设备记录并上传的方式反而是人们更加能够接受和喜爱的。在当前5G和无线网络连接方式的应用下，移动终端设备对各类新闻事件的传播效率也将会进一步提升。智能移动设备发展不断取得进步，同时也意味着未来会有更多的受众参与到新闻摄像和新闻传播当中，这也扩大了在新时代网络背景下新闻摄像的外延。

综上所述，媒体融合背景下的新闻视听正经历着从专业垄断到全民参与、从单一平台到多元融合的转变。新闻摄像记者需积极重构行业身份，提升综合技能，以适应这一变革，同时，在追求时效性的同时，也应坚守新闻视听的艺术性与深度，以创作出更具价值的新闻影像作品。

三、新闻摄像与艺术摄像的区别

传统摄像主要分为两大类：一类是艺术摄像，一类是新闻摄像[3]。艺术摄像与

---

[1] 申晨辉·新媒体背景下新闻摄像传播特点分析[J]. 新闻潮. 2021（12）：64-66.

[2] 胡立德. 电视新闻摄像[M]. 3版. 杭州：浙江大学出版社，2018.

[3] 申晨辉·新媒体背景下新闻摄像传播特点分析[J]. 新闻潮. 2021（12）：65.

新闻摄像的主要区别表现在以下四个方面。

（一）对象与内容性质不同

新闻摄像聚焦于自然与社会生活中的真实事物，这些对象和内容具有不可置疑的客观实在性，确保观众所见的影像与现实生活紧密对应，从而传递出最真实的信息。新闻事件的发展变化往往不受人为控制，其自在性要求摄像记者具备高度的敏锐度和应变能力，以捕捉稍纵即逝的关键瞬间。艺术摄像的对象和内容，虽然很多也是由生活中真实的人来扮演或表演，但其中人的身份和表演内容与真实人物之间不具有直接对应关系，因此不受客观真实性所制约，其影像内容更多取决于人们的主观创造，即艺术摄像是针对虚构、表演类对象与内容的影像创作。基于此，艺术摄像人员常被称为摄像师。新闻摄像的对象和内容为自然或生活中的真实事物，其影像和内容具有客观真实性，所摄取的视听形象以及由此构成的影片内容，与自然或生活中的事物具有直接对应关系，即新闻摄像是针对客观真实类事物的影像反映与表现。由此，新闻摄像人员常被称为摄像记者。

（二）工作职责与任务不同

艺术摄像的任务主要有四项，即构图处理、运动处理、光线处理和色彩处理。艺术摄像的任务与拍摄对象和内容的性质有着密切的关系。艺术摄像的对象及内容在拍摄之前就已经由导演和编剧作了初步规划，摄像师的任务主要是根据编剧提供的故事基础和导演的创作意图，通过调动造型手段、选择拍摄技巧来进行影像呈现。在这个过程中，摄像师对拍摄对象和内容基本没有决定和选择的权利，甚至连构图时的景别、摄像高度、摄像方向乃至摄像技巧也可能是导演事先规定好的。然而对于新闻摄像的对象和内容，由于具有客观真实性，不由报道者所决定，而是需要新闻记者根据现场实际情况并结合报道主题等需要，随时关注事物的发生和发展，进行即时的内容选择和影像处理，即摄像记者首先要确定拍什么（对象和内容的思维顺序可能是对象在前，也可能是内容在前），然后才是如何拍摄（表现为构图处理、运动处理、光线处理和色彩处理）。

（三）拍摄方式与手段不同

艺术摄像主要采用组织、演练的摄像方式，无论是摄像师还是拍摄对象，事先对拍摄什么和怎样拍摄一般都有比较充分的准备，双方是一种合作和配合的关系。如果拍摄效果达不到主观要求，或者拍摄中出现操作问题，还可以通过重拍来加以解决。新闻摄像的主要手段则是“采访摄像”，即采用“挑、等、抢”的方式来完成拍摄。摄像记者与拍摄对象的关系，有时处于合作、配合的状态，有时处于不合作、不配合甚至敌视的状态。即使双方处于配合状态，也可能产生出乎意料的拍摄结果，毕竟客观事实不是演戏，当事人也并非演员。新闻摄像严格遵循真实性原则，无论是拍摄方式还是后期处理，都力求还原事件原貌，避免任何形式的干预或导演，确保影像的公信力。同时，新闻报道原则也禁止记者在事件发生过程中的干预、导演行为，这些都决定了新闻摄像具有极强的即时性特点，即摄像记者只能在尊重客观事实的基础上进行影像摄取与创作。如果摄像记者没有即时抓住自然和生活中的关键情景，或者拍摄操作失误，就会留下难以弥补的遗憾。

（四）镜头形态与效果不同

由于是组织拍摄，艺术摄像在镜头构图和光线、色彩及技巧运用上，一般可以达到十分理想的程度，其镜头形态与效果比新闻摄像镜头更完美，更具形式感，镜头语言也更为连贯和流畅。艺术摄像的对象和内容以虚构和表演为主，可以直接表现一些比较隐秘的情节。而新闻摄像受真实性制约，一些私密性质内容，因存在拍摄的可能性问题，无法像艺术摄像那样去直接表现。新闻摄像的镜头摄取与表现具有即时限定性，这意味着摄像记者必须在现场迅速做出判断并捕捉关键画面，一旦错过便难以弥补，这种即时性赋予了新闻摄像独特的魅力与挑战。另外，在视角、色彩和光线运用上也会受到更多限制，导致新闻摄像与艺术摄像在镜头形态与效果方面存在明显不同。

综上所述，新闻摄像以其独特的客观真实性为基石，在职责任务、方法手段、形态效果上展现出与艺术摄像截然不同的风貌，成为传递社会信息、记录历史变迁的重要工具。

四、新闻摄像的特点

新闻摄像以其独特的魅力与严谨性，在传媒领域中占据举足轻重的地位。其特点可深刻概括为四个方面，这些方面不仅彰显了新闻摄像的本质属性，也凸显了它与艺术摄像之间的鲜明界限。

（一）对象事物的客观实在性

新闻摄像的对象事物具有无可置疑的客观实在性。在新闻报道的语境下，摄像镜头成为一双洞察世界的眼睛，它忠诚地记录现实世界的点点滴滴，无论是宏大的社会变迁，还是细微的民生百态，都力求做到真实无欺。与艺术摄像不同，后者往往依赖于创作者的想象与构思，通过虚构与表演来构建视觉叙事。而新闻摄像则严格遵循事实真相，拒绝任何形式的捏造与夸大，其目的在于为观众呈现一个未经粉饰、原汁原味的现实世界。这种对客观性的坚守，使得新闻摄像成为公众了解社会、认识世界的重要窗口。

（二）发展变化的自在性

新闻摄像面对新闻对象发展变化具有自在性。新闻事件往往具有突发性、不可预测性等特点，它们的发生、发展并不以人的意志为转移。这种自在性要求新闻摄像工作者必须具备高度的敏锐性和应变能力，能够在第一时间捕捉到新闻事件的精髓与亮点。新闻摄像注重现场感与即时性，要求摄像记者必须深入新闻现场，亲身体验并记录下每一个值得铭记的瞬间。

（三）方式方法的真实性

新闻摄像的方式与方法必须严格遵从真实性原则。在新闻摄像的过程中，任何对事实的歪曲或篡改都是不可接受的。摄像记者必须保持中立、客观的立场，以事实为依据，以真相为准绳，确保所摄取的影像资料能够真实、准确地反映新闻事件的本来面目。同时，拒绝任何形式的商业化操作与利益驱动，坚守新闻职业道德与操守，为公众提供公正、客观的新闻报道。这种对真实性的执着追求，使得新闻摄像成为传媒领域中的一股清流，赢得了广大观众的信任与尊重。

（四）镜头选取的即时限定性

新闻摄像的镜头摄取与表现具有即时限定性。新闻事件往往具有时效性强的特点，它们的发生、发展往往在极短的时间内完成。这就要求新闻摄像工作者必须具备高度的职业敏感性和快速反应能力，能够在最短的时间内完成镜头的捕捉与记录。同时，由于新闻事件的不可重复性，摄像记者还必须确保每一次拍摄都尽可能地完美无瑕，以免留下遗憾。这种即时限定性不仅考验着摄像记者的专业技能与心理素质，也促使其不断追求更高的拍摄质量与艺术水平。

综上，新闻摄像以其对象事物的客观实在性、发展变化的自在性、方式方法的真实性以及镜头选取的即时限定性等特点，成为传媒领域中重要的组成部分。这些特点不仅彰显了新闻摄像的本质属性，也为理解新闻报道、认识世界提供了有力支持与帮助。

第二节　新闻视听的专业性要求

在新闻制作的流程中，每一个环节都如同精密的齿轮结构，紧密相连，共同驱动新闻质量的提升与制作水平的飞跃。而在众多的环节中，新闻视听的专业性至关重要，直接影响新闻作品的整体风貌与受众的接受度。特别是在当今数字化浪潮发展的时代，新闻视听所承载的责任与使命更加重大。数字技术的迅猛发展，为新闻视听提供了前所未有的创作空间与表现手段，但同时也对其专业性提出了更为严苛的要求。新闻视听的真实性、客观性与即时性始终是衡量新闻作品价值的重要标尺。只有真实可信的新闻影像，才能穿透纷扰的噪声，直击人心，引发共鸣；只有客观公正的镜头语言，才能还原事实真相，维护社会公正；只有迅速及时的现场捕捉，才能抢占报道先机，满足公众对信息的迫切需求。因此，在数字时代背景下，新闻视听工作者必须不断提升自身的专业素养与技能水平，紧跟时代步伐，勇于创新实践；需要熟练掌握先进的摄像设备操作与技术手段，灵活运用各种拍摄技巧与构图方法，以敏锐的洞察力捕捉新闻现场的每一个精彩瞬间。

一、真实性：现象与本质

新闻视听的真实性包含两个层面，一是事实真实，二是总体真实，这是新闻视听真实性的基本要求[1]。这不但体现在前期拍摄过程中，在后期制作中也有所呈现。其中，前期拍摄过程中的真实性指拍摄对象属于客观存在事实，不可人为地进行艺术创作。后期制作过程中的真实性具有十分重要的作用及意义，因为在新闻报道过程中需要选择有效措施及途径对所拍摄影像实行加工处理，从而使新闻报道中的时间及篇幅等方面相关要求均得到较好的满足。在新闻后期制作过程中，为了使真实性得以较好的体现，后期制作人员在对相关影像实行加工处理的过程中，应将所拍摄相关客观知识作为依据，不可为增强吸引力而对图像随意合成，这种方式不符合新闻报道的真实性原则。

在当前时代背景下，越来越多的摄像器材不断出现并得到应用，而且更多的普通人开始利用智能手机及数码摄像机对新闻事件进行拍摄及传播。在新闻事件发生

[1] 胡立德，王政. 新闻与纪录片摄像的本质异同[J]. 新闻实践，2004（5）：42.

时，处于新闻现场的人们可利用身边相关设备对新闻事件发生过程进行拍摄及记录，之后可将这些照片或者视频上传至网络，以实现新闻传播。然而镜头反映的只是事物表象，即表面事实。而表象背后的真相或本质，既可能与表象相符，也可能与表象不符。对此，艾丰认为事物特有现象可以分为三种：本质性现象、偶然性现象、假象。

所谓本质性现象，是指直接地、正面地、典型地显现事物本质的现象。本质性现象的特点就是它和本质的一致性——不是重合、等同，而是方向的一致。如“面色红润”是“身体健康”的本质性现象。“粮食增产”是“政策正确”的本质性现象。“笑容满面”是“心情舒畅”的本质性现象。

所谓偶然性现象（不是指现象的偶然性），是指那些对显示事物本质无关紧要的、纯属偶然出现的现象。它和我们所探求的本质并没有内在的、必然的联系，通常是由于外界偶然性因素的刺激而产生的稍纵即逝的表现。在我们探求某个事物本质的时候，这类现象往往成为鱼目混珠式的干扰因素。例如，脸被火烤得通红，对于身体是否健康来说，是个无关紧要的偶然性现象。由于风调雨顺而粮食增产，对政策是否正确这个问题来说，是偶然性现象。迎接客人时的满面笑容，可能是出于礼貌，并不一定代表本人心情舒畅。这种现象的特点就在于它的偶然性。

所谓假象，是指那些歪曲以致颠倒地表现事物本质的现象。同本质现象相比较，它是一种“反常”现象。例如，由于结核病引起的“面色绯红”，对身体健康来说，是一种假象。由于损害了经济作物或不惜成本的粮食增产，对政策正确来说，是一种假象。有的人越怒越笑，这种笑也是一种假象。这种现象的特点是它和本质的方向往往是相反的。

由此可见，现象不完全反映本质。既可能是真相，也有可能是假象。假象就是现象与事实不相一致的情况。比如曹操与刘备煮酒论英雄之时，恰逢天空打雷，刘备受惊将筷子掉到了地上。在这里，受惊吓和掉筷子既是现象也是事实，但究竟是因为天空打雷还是因为曹操的评价，却存在不同的解释。而这不同的解释，就存在着哪个与客观实际相符合的问题。在这里，空间、时间、人物、事件都是真实的，但在解释和说明上却还存在或真或假的可能，即符合了“四真”的要求，但也不能说报道一定跟客观事实相符合。这说明“四真”表述对理解真实性还存在一定的局限性[1]。

---

[1] 马达．基于广播电视新闻摄像的技巧研究［J］．卫星电视与宽带多媒体，2020（15）：111-113.

二、客观性：中立与公正

影片报道中，多数镜头都具有直接反映客观事物的性质，但也有不少“新闻镜头”本身并不具有客观纪实性[1]。镜头内容与所报道事物之间只是“虚指”关系，而不是“实指”关系。在影片报道的广阔领域中，多数画面诚然直接映射着现实的肌理，但也不乏一类被称为“新闻镜头”的特例，它们并不恪守客观记录的准则，而是构建了一种“隐喻式”的关联，非直接指涉，而是间接映射。这类镜头实为记者运用影像语言对现实的一种艺术化转译或象征性替代，常见于叙事性强的报道之中。抑或报道主题趋于抽象，影像素材便承担起论证与支撑的角色，常见于预测性报道及意见性表达中，这种关系更倾向于逻辑上的判断与依据。

影片报道之所以独树一帜，在于其直观性远超纸媒与广播，然而，直观也是其局限所在。电视媒介在捕捉生活百态时，面临的限制因素更为繁复。无论是跨越时空的宏大叙事，还是近在咫尺却难以触及的现实场景，如航天飞行的太空视角或法庭审理的禁拍区域，均促使影片制作者采用替代策略——利用历史资料、数字特效、模拟场景乃至角色扮演等手段弥补镜头缺失，确保信息的传达不受阻。纪录片与专题片中，这种“借用”现象尤为普遍。面对时间跨度大、事件复杂多变、突发状况或信息缺失等挑战，影片创作不得不依赖“隐喻镜头”来填补纪实空白，以叙事之需构建视觉连续。值得注意的是，这些看似非真实的制作、扮演镜头，其存在并非全然无据，而是依据事实逻辑与内在真实性要求精心构建。它们虽然不是直接再现，却以另一种形式遵循了新闻的真实性原则。

经典案例

新闻报道片《寻找赵成忠》：黑龙江发现日本宪兵“特移极”档案的新闻片中，有一个镜头拍的是赵成忠的档案，此片经《新闻联播》播出后，武汉一个老人给哈尔滨侵华日军731部队罪证陈列馆写来一封信，说他的父亲也叫赵成忠，曾参加过马占山领导的“江桥抗战”，后被日本宪兵抓走，从此杳无音信，询问档案中的赵成忠是不是他的父亲。黑龙江电视台得知此事后，与哈尔滨侵华日军731部队罪证陈列馆联手展开调查。在大量走访、查阅相关档案无果后，记者想到可以通过年龄

[1] 郑向阳. 电视新闻摄像的“三要素”[J]. 新闻爱好者，2010（8）：138-139.

来加以判断。根据档案记载，赵景堂（赵成忠之兄）出生在1895年，赵成明（赵成忠之弟）出生在1899年，据此推断赵成忠应该出生在1897年前后。而档案中的赵成忠记载出生于1908年，两人起码相差十岁。作为一名情报人员，档案中的赵成忠有可能编造假姓名、假经历，但似乎没有必要在年龄上虚报。另外，对比掌握的相关形象资料，两人外貌差别也较大。据此，档案中的赵成忠和参加过江桥抗战的赵成忠应该不是一个人。在表现这段内容时，镜头载体是一个计算机三维特技：开始是一个刻有赵成忠名字的墓碑，随着解说的展开，墓碑横向拉开变成两个墓碑，在两个赵成忠名字下面，一个标明出生于1897年，一个标明出生于1908年。

借用镜头看起来似乎不足为凭，之所以符合或至少不违背新闻的真实性原则，就在于这些镜头虽然都是人为制作的，但又并非虚构。赵成忠出生年份的计算机镜头，是以档案材料、记者调查为根据的。而影片中的档案材料和记者的调查过程，都是生活中存在和发生过的事实，镜头内容与客观事物具有直接对应关系，是一种实指，这样相关镜头也就具有了真实的依据，而不是凭空捏造。

三、即时性：准确与速度

新闻视听工作要注意积累经验，根据不同题材，心中要有大致的拍摄计划，还要能够及时地抓捕到镜头[❶]。介绍性的镜头应包含新闻六要素中的四个，即时间、地点、人物和事件。在拍中心镜头的时候，镜头应集中反映事物发展的过程、各个阶段的基本情况及其产生的原因。当我们拍摄中心镜头的时候，不仅要关注重点，还要将拍摄的细节凸显出来，并展示出饱含丰富情感的场面。要想取得成功，中心镜头须占有一条新闻镜头的大部分，一般在70%以上或者更多。

新闻影像具有较强的真实性，且具有一定程度的现场感。而现场感的存在，不仅是因为抓住了新闻事件发生时的画面，而且抓住了事件细节或者是表现了周边环境以体现出现场感[❷]。比如，对于交通事故等突发事件，新闻摄像赶到新闻现场需要一定的时间，或许会有路人拍摄到相关画面，然而在摄影记者赶到现场之后则不可能拍摄到车辆相撞的突发瞬间。但是，可以凭借记者的专业身份，在警戒线内对

❶ 丰峰. 电视新闻摄像的三个要点[J]. 青年记者，2014（30）：68-69.
❷ 张晓宇. 新闻摄像如何更好适应新媒体[J]. 新闻传播，2023（12）：118-120.

主要的事故核心区域进行相应的拍摄。此时，作为新闻摄像工作者，需要利用专业的眼光，并且考虑受众的需求，努力抓取新闻现场的每一个细节。比如，将镜头聚焦在散落的汽车零件上，或者是聚焦在地面的刹车痕迹上。同时，也可以对周边环境进行拍摄。如果能够拍摄到救援的过程，也可以成为吸引受众的关键信息[1]。

在进行电视新闻拍摄的时候，要尽量少用推拉摇移这类拍摄方式，多运用固定镜头，这样做有以下几个原因。首先，每条新闻的时事通信篇幅有限；其次，增加单位时间内的信息内容；最后，使新闻的步骤更加明亮快捷。推拉摇移镜头可根据拍摄要求和实际情况，正确、适量地使用，有目的地运用可增加新闻的表现力[2]，突出特征展现新的角度。这个角度是指相机和物体之间的角度。拍摄角度的变化会影响拍摄主体和拍摄对象。而不一样的拍摄角度有着不一样的强调力和表现力，可以将各类情感和每个人物之间的关系表达出来。角度有着鲜明的个性，可以着重突出某人、某事或某特征。

另外，新闻应追求真善美。新闻有责任引导人们看到真相。新闻摄像要避免不合适的画面及报道的出现，因此需要使用各类拍摄技巧来将它们规避掉。电视新闻拍摄还要认真抓住各类具有典型价值的视听细节，突显出新闻主体，使新闻能够深刻地留在观众的记忆中。要善于“挑、等、抢”。“挑、等、抢”是电视摄像者的基本技能。“挑”，就是作出选择，选择出感染力强的新闻画面；“等”，就是需要有良好的耐性；“抢”，则是当等待许久的或者突发的变动出现之时，可以在事件发生后及时将画面捕捉下来，使瞬间能够永恒停留。

---

❶ 张晓宇. 新闻摄像如何更好适应新媒体[J]. 新闻传播，2023（12）：118–120.

❷ 王哲雨. 影响电视新闻摄像质量的关键问题探究[J]. 科技传播，2017，9（6）：1–2.

第二章

新闻视听的技术性原则及实践应用

第一节　新闻视听的技术性原则

摄像师的拍摄技术水平会影响节目成片的质量，直接决定着整个新闻报道的成功与否。这就要求拍摄者需及时筛选出适当的画面内容，做好场景的构图设计，融入更多生动的画面语言。此外，拍摄者应拥有超强的镜头理解能力，配合运动特征和个人的创作潜能，在保证客观真实的前提下，赋予作品更多的艺术性和技术性效果。这样一来，新闻报道才可以更好地控制空间、时间、对象等基础性要素，使新闻画面更加富有个性化和艺术特征。本节将在客观阐述新闻视听的影响意义、基础性规范标准的前提下，探讨做好新闻视听工作的一系列技术性原则[1]。

一、新闻视听流程的专业要求

作为新闻视听工作的主要实施者，摄像人员身上的担子十分沉重，他们必须充分意识到全媒体时代下新闻摄像工作的发展趋势，明确自己当前专业素质和职业素养方面的不足，产生自我优化和提升的强烈意识，加强新闻摄像工作的改进和创新，能够灵活运用各种摄像设备采集新闻信息，利用多种平台促进新闻信息的传播，从而为全媒体时代下新闻媒体的发展增添助力[2]。在新闻摄像工作中起到主要作用的是摄像人员的工作态度和职业能力，如果他们的职业道德水平较低，工作态度不够严谨，将会对新闻信息产生重大影响。新闻摄像的专业性较强，全媒体时代下需要摄像人员对采访对象的心理活动和思想感情予以准确把握，用镜头来捕捉细节，打造具有感染力的新闻节目，这样才会牢牢吸引大众目光，博得大众好感。反之，摄像人员人云亦云，只知道跟随其他媒体步伐，将新闻事件反复播报，或者是迎合大众品位人为制造不实的新闻信息，都会引起社会公众的反感，破坏新闻媒体在受众心中的形象以及新闻的影响力。

伴随时代社会的进步及人们信息需求的提升，社会公众在观看新闻时已经不能满足于静态图片和枯燥文字，这会让他们感到十分无趣，失去浏览新闻的兴趣[3]。

---

[1] 秦云笑．论电视新闻摄像的技巧［J］．传媒论坛，2020，3（6）：49-50．

[2] 宋明谦．全媒体时代下新闻摄像路径探索［J］．新闻传播，2020（24）：66-67．

[3] 同上．

全媒体时代下为了给受众制造一场感官盛宴，需在新闻中加入视频、图像、音频等多种元素，给受众带来视觉冲击，使其心灵受到强烈震撼，最大程度地满足受众的信息需求，以此提高新闻信息的时效性和影响力。摄像人员在新闻摄像工作中应做到以下几点。

（一）新闻视听要保证观众观看新闻的质量

新闻视听作为信息传递的视觉载体，其首要任务便是确保受众在观看新闻时能够获得高质量的视觉体验。这意味着摄像人员需精心选用高性能的摄像设备，并在拍摄过程中时刻保持画面的清晰度与稳定性，让每一个细节都纤毫毕现，减少因画面模糊或晃动而带来的观看障碍。通过精准的构图与流畅的镜头运动，新闻摄像不仅传递了信息，使新闻内容深入人心，更能提升整体观看体验，增强新闻的传播效果与影响力，更真实、全面、准确地展现新闻信息。

（二）新闻视听工作讲究一定的技巧性

新闻视听工作是一门兼具艺术性与技术性的工作，其技巧性体现在多个方面。摄像人员需根据拍摄对象的不同，灵活调整拍摄手法，如拍摄壮丽景物时采用广角镜头捕捉其宏大壮观；而拍摄人物时则注重细腻的表情与情感交流，运用特写镜头捕捉微妙变化。同时，对色彩与光影的精准把控也是关键，通过巧妙的色彩搭配与光影处理，增强画面的层次感与视觉冲击力，使新闻事件更具冲突性与张力。此外，摄像人员还需保持客观中立的立场，通过镜头语言真实反映新闻现场的环境变化，确保新闻信息的真实性与可信度。不同技巧的综合运用，使得新闻摄像作品不仅传递了信息，更激发了受众的思考与共鸣。

（三）新闻视听内容的选择要格外慎重

新闻视听内容的选择，是确保新闻质量与传播效果的关键环节，必须慎之又慎。在选择过程中，首要原则是确保内容与主流价值观高度契合，弘扬社会正能量，引导公众形成积极向上的价值观。同时，新闻视听应具有明确的主题，围绕这一核心展开拍摄，确保每一个镜头都能为整体叙事服务，形成连贯而有力的叙事链条。此外，摄像人员还需具备敏锐的洞察力，善于捕捉那些能够触动人心的细节。通过精心设计的光影效果与构图布局，将观众的注意力引导至这些细节之上，使新闻画面更加生动、具体，增强信息的传达效果。这种对细节的极致追求，不仅能够提升新闻摄像作品的艺术品质，更能深刻传达新闻背后的价值观与人文关怀，从而赋予新闻作品更高的社会价值与文化内涵。

（四）视听人员不能被技术标准束缚

在新闻视听的广阔天地里，视听人员不应成为拘泥于技术标准的工匠，应当勇于突破传统框架，敢于挑战自我，将技术与创意完美融合，为新闻内容注入鲜活的生命力。面对受众日益多元化的需求，摄像人员需深入生活、细致观察、敏锐捕捉社会脉搏与民众心声，以此为基础，发挥无限想象力和创造力，将新闻事件以更加生动、形象、富有情感的方式呈现给大众。在创作过程中，摄像人员不仅要熟练掌握镜头剪辑、画面感设计与语言设计等专业技能，更应巧妙运用光影、色彩、构图等视觉元素，营造出独特的视觉氛围，让新闻内容在视觉上更具冲击力与感染力，并注重与受众的情感共鸣与思想交流。同时，通过精心的语言设计与解说，引导受众深入思考新闻背后的意义与价值，从而实现新闻媒体的积极引导作用。因而，新闻摄像人员应当以开放的心态、创新的思维和精湛的技术，不断探索新闻摄像的新领域、新高度，为受众带来更加丰富、多元、深刻的视觉体验。

（五）新闻视听人员要兼顾专业和体能

新闻视听人员作为新闻传播的重要一环，其专业素养与身体素质同样不可或缺。他们需熟练掌握各类摄像机器的操作技巧，无论是相对轻便的手持摄像机还是相对笨重的专业摄像机，都能游刃有余地运用，根据拍摄需求灵活选择，以捕捉最佳画面。在现场报道中，新闻摄像人员需凭借丰富的经验迅速判断最佳机位，快速移动并抢占有利位置，确保在第一时间捕捉到新闻事件的精彩瞬间，充分展现摄像机器的强大功能。此外，新闻摄像人员还应具备编导意识，不仅满足于简单的拍摄记录，更要注重画面的构图、光影的运用以及情感的表达；需利用现代化剪辑技术，对拍摄的图像画面进行精心的二次创作，通过剪辑、调色、配乐等手段，增强画面的感染力和故事性，使新闻内容更加生动、立体、引人入胜。这种对画面的深度加工与再创作，不仅能够提升新闻作品的艺术价值，而且能够更好地满足受众的审美需求，实现新闻传播的双重效果。

二、拍摄设备的硬件要求

新闻摄像需要用到专业的视听设备 ，通过专业的摄像设备将新闻事件连续拍摄记录下来。正所谓“工欲善其事，必先利其器”，视听设备作为新闻拍摄的基础，必须要有有效的保证。保证新闻摄像的质量，首先就要引入适用的新闻摄像设备，使新闻摄像的连续拍摄效果得到提升。引入先进的新闻摄像设备能降低电视新闻摄像作品后期剪辑处理的难度，使制作完成后的新闻更具真实性[1]。

新闻视听技术多种多样，实际工作中所用技术手段和仪器设备是否先进合理，会对新闻摄像工作质量产生不可小觑的影响。全媒体时代下新闻视听设备和技术更新换代的周期非常短，传统技术的生存空间被一再压缩，基本上已经不再适用，科技含量较高的技术往往适应范围更广，拍摄质量更高，值得在新闻摄像工作中加以推广应用。尤其是智能移动设备的诞生使得新闻摄像设备的体积越来越小，易于携带。社会公众在新闻传播中的角色也发生了转变，他们可以用手边的移动设备拍摄视频和图像，迅速发布在互联网平台上而成为新闻发布者。而摄像人员抵达新闻事件发生现场需要一定的时间，无法占据先机拍摄独家画面，这也给新闻摄像工作带来了巨大挑战。

三、新闻视听技术的要求

新闻视听技术主要包括拍摄的平稳性、准确性、均匀性三个方面。

拍摄的平稳性是新闻摄像的关键，一个优秀的新闻摄像记者在新闻拍摄过程中的推、拉、摇、移、跟等均能够保证新闻拍摄的平稳，在移动的过程中也能够保证新闻画面一直处于画面的中心位置，且拍摄画面不会抖动。新闻摄像记者进行新闻事件的拍摄时一定要果决，一旦出现新的新闻亮点要准确而快速地进行拍摄，同时这些移动的拍摄画面应该是平稳切换的，不能出现画面突变。

摄像的准确性是新闻视听工作的基石，它要求摄像记者在现场迅速而精准地捕捉到新闻事件的核心要素。这不仅是对构图、落幅镜头及曝光控制的精确掌握，更是对新闻敏感度的深刻体现。摄像记者需时刻保持高度警觉，精准捕捉每一个决定性瞬间，确保新闻主体在画面中鲜明而突出。同时，他们还需在瞬息万变的现场环境中，迅速调整状态，以最佳状态应对每一次拍摄挑战，利用敏锐的观察力和判断力，保证摄像的准确性。摄像记者需要抓住一切拍摄机会，用最好的状态进行新闻捕捉，利用敏锐的触觉处理好新闻事件的拍摄要素，拍摄出高质量的摄像作品[2]。

---

[1] 郭强. 全媒体时代新闻摄像记者的“多栖化”转变[J]. 新闻传播，2022（9）：119-120.

[2] 吴钢. 影响电视新闻摄像质量的关键因素[J]. 传播力研究，2019，23（8）：257.

这不仅是技术的展现，更是职业素养与责任感的体现。

新闻作品的均匀性，是衡量其视觉质量的重要标准之一。它强调在拍摄过程中，画面的移动需保持流畅与稳定，确保整个新闻摄影作品在视觉上达到高度的和谐统一。为了实现这一效果，摄像记者必须精准操控摄像机，确保其在移动时速度均匀，无突兀之感。起落镜头时，更应注重操作的细腻与缓慢，以平稳过渡引导观众的视线，使画面自然流畅，避免产生眩晕或不适感。只有这样，才能拍摄出既专业又富有美感的新闻作品，为观众带来更加舒适和愉悦的观看体验。

四、新闻视听工作的综合能力

新闻图像质量是新闻摄像工作的核心，直接关系到行业的发展。这需要摄影人员重点关注摄影图像质量，并从图像的内容等角度出发，不断地进行创新和优化[1]。新闻视听需不断创新与优化图像内容，并借助新技术、新工具提升图像质感。摄影人员需掌握新技术，提升摄影能力，同时赋予图像深刻内涵，吸引受众关注，成为报道中的佼佼者。此外，摄影记者还需具备软实力，包括宽容、谦虚、自尊自重的品格，防范意识与缜密思考习惯，以及工作至上的敬业精神。在复杂多变的采访环境中，这些职业素养与意识尤为重要，它们不仅是记者顺利完成工作的保障，更是新闻专业理想的体现。只有兼备硬实力与软实力，摄像记者才能在新闻视听领域不断追求卓越，创作出高质量的影片报道，满足受众需求，履行历史赋予的崇高使命。

（一）宽容、谦虚、自尊自重的心态与品格

摄像记者面对复杂多变的现实社会与生活，接触的人员形形色色。从高级官员到一般职员，从社会名流到普通百姓，不同国家、不同民族、不同领域、不同阶层的人都有可能成为新闻采访与拍摄的对象。由于他们的社会地位、民族风俗、文化背景、受教育程度，甚至职业特点的不同，对拍摄的态度、要求和表现也会有所不同。有的热情积极，有的消极冷漠，有的甚至会对拍摄提出一些要求和限制。如果是批评性报道，还会遭遇阻拦、谩骂甚至肢体对抗。摄像记者要平和地看待这些情况，正确对待新闻报道工作给自己带来的种种“待遇”。在受到热情欢迎的时候，

❶ 张晓宇．新闻摄像如何更好适应新媒体［J］．新闻传播，2023（12）：118-120.

要注意防止滋生傲慢、散漫、颐指气使等不尊重他人的恶劣习气；在受到冷遇、遭遇辱骂的时候，不要心灰意冷、意气用事。

新闻媒体作为党、政府和人民的耳目喉舌，享有宣传报道的权利，对社会具有广泛的影响。一般来说，对媒体的采访与报道，当事单位和接待人员普遍都比较重视。在盛情接待面前，一定要保持正确的心态，避免沾染并滋长盛气凌人、趾高气扬、唯我独尊的不良习气和作风。新闻专业理想，是历史赋予新闻记者的崇高使命，需要我们用宽容的心态去面对。宽容是一种美德，这种美德对于摄像记者尤为重要。从世界绝大多数摄制组的情况看，宽容、敦厚、温和的心态和行事风格，可以说是摄像记者（摄影师）的普遍特点。作为采访摄制组的核心人员，文字记者（编导）在开展工作时可能要"强势"一些，才能拍到理想的内容。而摄像记者（摄影师）则需待人宽厚、性格温和，这样不仅容易让拍摄对象接受，必要时，如摄制组与拍摄对象出现矛盾，还可以成为调和的力量，保证摄制组进退自如。

（二）防范意识与缜密思考习惯

防范意识与缜密思考习惯是每一位摄像记者在职业生涯中不可或缺的宝贵财富，它们不仅体现了记者的职业素养与智慧，更是保障工作顺利进行、确保个人与团队安全的重要基石。在这个复杂多变的社会环境中，新闻报道工作往往涉及众多不可预见的因素与挑战，因此，摄像记者必须具备高度的警惕性和敏锐的洞察力，以应对各种突发状况。防范意识是记者在工作中的第一道防线。它要求记者在采访和拍摄的每一个环节，都保持清醒的头脑，对可能遇到的安全风险进行充分评估，并采取相应的预防措施。这种意识不仅包括个人安全，还包括对采访对象、拍摄环境以及设备安全的全面考量。在保持真诚与尊重的同时，也要警惕潜在的危险，确保自己能够在复杂多变的环境中保持冷静。缜密思考习惯则是记者在面对问题时展现出的深邃思维与周全考量。它要求记者在行动之前，对可能出现或已经遇到的问题进行细致的分析与预测，并制订出相应的解决方案。这种习惯不仅有助于记者在工作中避免盲目行动和冲动决策，更能够提升工作效率和质量，确保报道的准确性和深刻性。

具体而言，安全风险的防范主要涵盖三个方面：首先，是摄像机及其配件的安全管理。作为记者工作的核心工具，摄像机的安全至关重要。记者应养成定期检查设备、妥善保管的习惯，避免因设备损坏或丢失而影响报道进度。其次，是在拍摄过程中注意不危及他人安全。这要求记者在使用摇臂、无人机等高风险设备时，严格遵守操作规程，确保拍摄活动不会对周围人员的人身安全造成威胁。最后，是增强自我保护意识，在采访中时刻保持警觉，避免陷入不必要的冲突或危险之中。总之，防范意识与缜密思考习惯是摄像记者必备的职业素养之一。它们不仅有助于新闻记者在工作中保持清醒与理智，更能够提升报道的质量和深度，为观众呈现更加真实、客观、深入的新闻内容。

（三）工作至上的敬业精神

工作至上的敬业精神，指引着每一位新闻工作者在追求真实与深刻的道路上勇往直前。对于摄像记者而言，亲临现场、捕捉瞬间、记录真实，不仅是职业的要求，更是内心的呼唤。这种敬业精神，让他们在面对艰难险阻时，能够坚持不懈，甚至不惜一切代价去追寻那个触动人心的镜头。在新闻摄像的征途上，摄像记者们不畏严寒酷暑，不惧风雨交加，常常需要跋山涉水，深入险境，只为捕捉到那个稍纵即逝的珍贵画面。这种敬业精神，不仅体现在对镜头的极致追求上，更体现在对新闻事业的无限忠诚与奉献中。

正是这种敬业精神，让摄像记者们能够在复杂多变的环境中保持冷静与敏锐，迅速捕捉新闻事件的本质与真相。通过镜头，摄像记者们将世界的每一个角落、每一个瞬间呈现在观众面前，让人们得以了解世界的多样与复杂。同时，他们也用自己的行动诠释了新闻工作的价值与意义，展现了新闻工作者的责任与担当。对于每一个新闻摄像工作者来说，敬业精神不仅是他们职业生涯的起点，更是他们不断前行的动力源泉。只有具备了这种精神，他们才能在工作中不断突破自我、追求卓越。

（四）技术知识体系的重塑

在媒体深度融合的当下，新闻内容的生产模式正经历着前所未有的变革，这对新闻摄像记者提出了更高要求，迫使他们基于新闻创作的实际需求，全面重构个人的知识体系与技能框架。在策划维度上，新闻摄像记者需深入洞悉并适应网络时代的新闻传播新生态，强化对新媒体社交属性的理解与应用，精通大数据分析技术，灵活运用社交媒体平台，以敏锐的洞察力捕捉社会热点与公众议题。同时，作为新闻传播者还需具备文化敏感度和创意融合能力，精准把握时代潮流下的文化元素与表达手法，创作出贴近受众口味、富有感染力的新闻作品。

在技术层面，新闻摄像记者需超越单一技能界限，向技术全能型人才转型，不仅要精通传统摄影设备的操作与后期处理软件的应用，还需广泛涉猎视频拍摄、编辑、音频制作、VR内容创作乃至无人机航拍、AI等前沿技术，构建起一个既全面又深入的全媒体制作技能体系。这样的技能储备将使他们能够灵活应对不同媒体平台的制作需求，实现新闻内容的多样化呈现与高效传播。

第二节　新闻视听的实践性应用

新媒体时代，传播主体多元化，社会大众积极参与新闻视听创作与传播，全民摄像时代到来，对专业新闻摄像既构成挑战也促进其发展。新媒体降低了新闻视听门槛，便携设备普及，使得非专业人士也能产出高质量作品，补充了具有一定专业品质的新闻素材。同时，新媒体平台提供了自主化传播渠道，增强了新闻与受众的互动。尽管如此，专业新闻摄像记者依然保持核心地位，其专业素养和资源优势不可替代。在传播渠道上，新媒体拓展了新闻摄像的传播范围，社交媒体、新闻门户网站及电视等传统媒体共同构建多元化传播体系，各有优势，推动新闻视听的广泛传播。

一、新媒体时代下新闻视听传播的综合特征

随着现代技术的发展和便携式拍摄设备的普及，新闻视听的门槛大大降低，社会大众积极参与新闻摄像作品的创作与传播，这不仅丰富了新闻摄像素材，增强了新闻报道的亲近性和说服力，还激励了大众积极地记录身边新闻。新闻视听的传播渠道也日益多元化，主要包括微博、微信等社交媒体，新闻门户网站以及广播、电视等传统媒体。社交媒体和新闻门户网站的快速普及和实时互动特性，使得新闻摄像作品能够迅速传播并引发广泛讨论。而多元化平台也拓展了传播范围，并融合“广播”与“窄播”，强化与受众间的互动性，便于受众提供反馈，提升媒体黏性。“受众本位”理念主导，满足需求、优化体验，促进传播成效。新媒体发展拓宽“窄播”应用，定制化内容满足个性化需求，增强受众黏性。综合而言，新媒体时代，新闻视听的传播体现出以下几大显著特征。

（一）新闻内容呈现的多元化

与传统的新闻视听不同，移动终端技术与虚拟现实（VR）技术的融合渗透，为新闻摄像实践开辟了全新的维度，丰富了其表现形式与叙事手法，促使新闻报道模式向更加高效、可互动和沉浸式的方向发展。移动直播以其独特的现场感、即时性，成为新闻报道的重要形式之一，而其在融媒体新闻中的独特价值更在于增强了用户的同场体验、参与感与互动性。相较于传统电视直播，移动直播不仅保留了直播的实时性和现场感，还增加了“慢直播”等创新形式。此外，技术革新为移动直播插上了翅膀，使得直播设备从笨重的广播级设备向便携、轻量化转变，赋予了移动直播前所未有的灵活性。记者能够迅速转换地点，进行多点位、多角度的即时报道，将现场信息、背景资料与伴随式互动有机融合，形成了以移动为核心的信息采集与传播新模式。这种模式不仅提升了新闻报道的时效性，也增强了报道的深度与广度，使观众能够跟随记者的步伐，深入新闻事件的每一个角落。

面对突发事件，利用移动新闻直播技术媒体能够迅速响应，第一时间抵达现场，传达准确、生动的信息，有效遏制谣言的传播，维护社会秩序。同时，通过“移动新闻直播+”的形式，结合短视频、图文等多种报道手段，形成了全方位、立体化的报道体系，满足了公众对于信息获取的多元化需求。以新闻报道《直击7·5泰国普吉游船倾覆事故现场　救援仍在进行》为例，媒体团队通过高效的协同合作，实现了第一时间抵达现场、第一时间发起移动直播的目的。他们利用“手机+4G”的简易设备，便捷地进行现场报道与传输，使得公众能够及时了解事故进展、救援情况等信息。这种快速响应、权威发布的方式不仅掌握了舆论的主导权，还在复杂的舆论环境中起到了正本清源的作用，有效安抚了公众的情绪。

VR技术的加入进一步打破了传统媒体的界限，使得新闻报道和内容呈现方式更加多元和立体。2016年，国家广电总局出台的《关于加快广播电视媒体与新兴媒体融合发展的指导意见》，明确倡导利用互动、虚拟现实（VR）等前沿技术革新节目形态，激发公众参与热情，强化内容吸引力，为VR在新闻生产中的实践与合法性奠定了坚实的政策基石。全球第一个正式将VR应用于新闻生产的传统媒体机构是美国广播公司（American Broadcasting Corporation，ABC），它于2015年9月推出了一期使用VR技术制作的新闻；与此同时，《人民日报》首次使用全景视频，展现纪念抗战胜利70周年大阅兵现场效果；2016年央视网利用10个高清全景摄像头，通过后台画面拼合技术实现了VR新闻直播[1]。早期的VR内容生产处于探索与试验阶段，经过实际的生产与传播实践，我国媒体在VR内容生产流程、技术与设备配置、参数调试、拍摄与合成、传播与交互等方面积累了诸多经验，也不断突破了许多技术与现实瓶颈，使VR直播变得具有可操作性[2]。

在VR新闻的实践中，战争、科技等难以亲临的现场成为其展示的重点领域，如“天舟一号”发射任务的VR全景直播，便是科技题材与时政、爱国情感完美结合的典范，展现了VR技术在新闻报道中的独特魅力和社会价值（从应用形式上看，VR新闻可分为图片式场景再现、视频展演式深度剖析及现场式直播报道三大类别）。例如，“天舟一号”发射的VR全景直播，作为现场式直播报道的典范，通过多摄像头协同作业，实时采集并拼合360°全景视频，为观众提供了全方位、无死角的沉浸式观看体验。这一过程对实时性要求极高，不仅要求各摄像头画面在色彩、亮度等参数上保持一致，还依赖于强大的网络带宽支持，以确保信息的流畅传输。这体现了VR新闻在技术与资源协同上的复杂性与挑战性。

（二）传播主体的多元化趋向

在新媒体时代，新闻视听传播主体正在由新闻记者向多元主体发展，社会大众在新闻视听作品生产与传播中的参与，促使全民摄像时代正式到来，而这也对传统的新闻视听生产与传播产生着深刻影响[3]。从新媒体时代传播主体的嬗变特征来看，社会大众在新闻视听作品创作中的参与程度在不断深化。在新媒体时代中，现代技术的发展为新闻摄像工作注入了前所未有的活力，同时也促使新闻摄像作品的创作主体呈现出多元化的发展特征。

究其原因，在现代技术的支撑下，新闻摄像工作门槛不断降低，普通社会大众不需要掌握极高的新闻视听专业理论与实践能力，就能够拍摄出良好的新闻视听作品。与此同时，手机等便携式拍摄设备的普及，也让社会大众参与新闻视听工作的成本不断降低。值得一提的是，许多新闻媒体在新闻视听素材的选取方面，也会使用社会大众拍摄的新闻视听作品作为专业视听作品的补充，这不仅可以进一步拓展新闻受众能够接触到的新闻视听素材，也能够提升新闻报道的亲近性与

[1] 曾祥敏. 融媒体新闻这样做：中国新闻奖媒体融合奖项获奖作品解析[M]. 北京：人民日报出版社，2022.

[2] 常江. 虚拟现实新闻：范式革命与观念困境[J]. 中国出版，2016（10）：8-11.

[3] 金昕. 新媒体时代新闻摄像传播特点与趋势探析[J]. 记者摇篮，2022（12）：144-146.

说服力。这种现象在一定程度上对普通社会大众形成了激励，进而促使社会大众以更高的积极性拍摄身边发生的新闻事件，并上传到新媒体平台当中，使更多众者看到。

另外，社会大众在新闻视听作品传播中呈现出更多的自主化。新媒体时代，社会大众整体的信息素养得到了快速提升，许多人都会将拍摄图片与视频作为展现自身生活、与他人展开交流的重要方式之一，特别是在新媒体平台呈现出多元化发展特征的背景下，社会大众更是可以自主完成摄像作品上传工作，进而开启自拍摄影摄像作品在新媒体中的传播之路。而许多新闻媒体也开辟了社会大众摄像作品上传渠道，甚至以社会大众的摄像作品为主打造新闻栏目，这在提升新闻媒体与受众互动的同时，也进一步推进了全民新闻摄像发展进程。

一方面，新媒体时代的全民摄像不仅没有弱化专业新闻摄像工作者的作用与地位，而且使专业新闻摄像工作者的职责得到了拓展。目前，新闻摄像记者仍旧是新闻摄像作品创作与传播的主力军。相对于社会大众而言，新闻摄像记者在新闻摄像实践中呈现出专业性更强的特征，强烈的品质意识、策划意识，以及对新闻摄像作品细节的高度重视、对新闻摄像技术的深入研究、对新闻专业性与人文性的兼顾等，共同促使新闻摄像记者创作与传播的作品展现出更高的品质。与此同时，新闻摄像记者具有普通社会大众所不具备的新闻资源，这也帮助其能够拍摄出更多、更优秀的新闻摄像作品，进而为新闻报道提供支撑。如在灾难性报道中，普通社会大众很难进入新闻现场核心区域，而在成本投入方面，其也难以将VR、AI以及航拍等技术综合应用于新闻摄像工作中。由此可见，全民新闻摄像时代的到来并未动摇新闻摄像记者的主力军地位，优质的新闻摄像作品仍旧主要依靠专业的新闻摄像记者生产与传播。另一方面，在全民摄像时代中，新闻摄像工作者的工作范围得到了进一步拓展。在越来越多的新闻媒体将社会大众拍摄的新闻摄像作品作为素材来源的背景下，新闻摄像编辑需要在做好选题策划的基础上，引导社会大众正确、积极地参与新闻摄像素材创作工作。为了保证新闻摄像作品具备较高品质，新闻摄像编辑人员还需要以专业化的视角对社会大众拍摄的素材进行筛选，从而更好地满足新闻报道要求。由此可见，专业新闻摄像工作者需要在全民新闻摄像时代扮演好“把关人”的角色。

（三）传播渠道的拓展化态势

传播渠道的拓展是新媒体时代新闻摄像传播呈现出的重要特征。在新闻摄像传播过程中，传播渠道是连接多元因素的重要纽带。因此，传播渠道的多元化发展，对于新闻视听的传播模式、传播成效等产生着至关重要的影响。当前，新闻摄像传播渠道主要包括以下几种。

1.微博、微信等社交媒体

微博与微信等社交媒体的快速普及，促使社会大众的信息获取渠道得到了进一步的拓展，其信息获取习惯也产生了一定的改变。为了使新闻传播工作与受众信息获取习惯实现良好匹配，大部分新闻媒体都在这些社交媒体中开设了官方账号，促使社交媒体成为存储与传播新闻摄像作品的重要载体。另外，社会大众通过多元化渠道获得新闻信息之后，也会在这些社交平台中进行分享与转发，这种人际传播在拓展新闻摄像传播范围方面发挥着重要的作用。

2.新闻门户网站

相对于传统新闻传播平台而言，腾讯网、新浪网等新闻门户网站在新闻摄像传播方面呈现出实时传播、广泛互动的特征。具体而言，在新闻报道特别是突发性新闻报道中，新闻媒体可以依托新闻门户网站对新闻视听作品进行快速发布，及时地传播信息、发酵热点。新闻受众则可以通过弹幕、评论等方式发表个人观点，从而实现意见的聚合与观点的交锋。

3.广播、电视等传统媒体

虽然广播、电视等传统媒体在新闻传播方面遭受着网络媒体、新媒体带来的严峻挑战，但无论是在权威性还是影响力方面，电视等传统媒体仍旧具有明显优势。因此，电视等传统媒体依旧是新闻摄像传播的重要渠道。特别是在电视等传统媒体日益重视对社会大众拍摄的新闻摄像作品进行呈现的背景下，电视等传统媒体中多元类型的新闻摄像作品可以较为立体地还原真实的新闻现场，促使新闻受众更为全面地了解新闻事件。

在新闻摄像传播渠道得以多元化发展的背景下，通过构建新闻传播媒体矩阵的方式适应新的传播环境、拓展新闻摄像传播范围，成为新闻媒体广泛关注的焦点。

具体而言，新闻摄像传播矩阵的打造，既能够推动新闻摄像与传播工作顺应媒介融合发展趋势，也能够吸引更多受众关注新闻摄像作品、新闻报道以及新闻媒体，进而有效提升新闻摄像作品以及新闻媒体的吸引力与竞争力。从媒体矩阵的打造工作来看，一方面，媒体矩阵一般包括母媒体平台、新闻门户网站、新闻客户端、社交平台、短视频平台等。为确保新闻摄像作品取得更好的传播效果，许多媒体不仅将入驻其他新闻平台作为拓展新闻摄像传播范围的主要方式，也在自主开发平台方面进行了较大投入，这种媒介矩阵的打造，能够显著增强新闻媒体平台建设的成效，实现新闻摄像作品传播工作与新闻受众信息需求的紧密对接。在这些矩阵的构建中，大部分新闻媒体都较为重视对各类平台进行进一步的细分。以短视频平台为例，新闻媒体往往会通过开通抖音号、快手号、微信视频号等，将新闻摄像作品在多元化平台中展现，以提升传播效果。另一方面，在打造新闻摄像传播矩阵的过程中，新闻媒体一般会对自身具有的人力资源、经济投入能力等作出综合考量，确保自身具备在多平台同时开展新闻摄像传播工作的能力。与此同时，越来越多的新闻媒体开始意识到，新闻摄像传播矩阵的打造不能与简单地开通平台账号并开展内容分发而画上等号，而应当根据不同平台具有的信息传播特点、受众需求等有针对性地制定新闻摄像作品传播策略，从而为新闻摄像传播成效的提升提供保障。

（四）传播成效的显著化提升

在新媒体时代，新闻视听传播成效得到了明显提升，这不仅是因为多元化的传播平台为新闻视听传播范围的拓展提供了有力支撑，而且也是因为新时期的新闻摄像工作实现了“广播”和“窄播”的有效结合，并在重视与新闻受众开展互动以及关注新闻受众反馈的基础上，拉近了新闻视听传播主体与受众之间的距离。在新媒体时代，新闻媒体之间的竞争更为激烈，而如何提升媒体与受众之间的黏性，则成为新闻媒体在探索自身竞争力提升路径中无法绕开的重要课题。在此背景下，“受众本位”理念得到了重视。在新闻摄像传播工作中“受众本位”理念体现为新闻视听工作需要以满足新闻受众信息需求、审美倾向为重要取向，而在满足受众需求、优化受众体验的同时，新闻摄像传播工作也能够取得更好成效。

在传统的传播环境中，新闻媒体难以依托点对面、点对点的方式开展传播，而这种面向大众的传播被称为“广播”。随着新媒体时代的到来，新闻媒体可以对新闻受众的需求进行准确定位，并以受众需求为依据开展受众分流以及传播活动，这种传播模式被称为“窄播”。在新闻视听传播中，“广播”与“窄播”都不可或缺，只是“窄播”能够实现传播内容的定制化与专业化，可以更好地满足新闻受众的个性化需求。也正因如此，新闻受众可以在“窄播”中获得更好的体验，进而提升自身与新闻视听传播主体之间的黏性。新媒体的发展，促使“窄播”方式得到了拓展，如在利用微信开展新闻视听传播的过程中，新闻视听传播主体可以与新闻受众开展点对点的传播。由此可见，新媒体的发展以及在“窄播”中的应用，对于激发和释放“窄播”的巨大活力、提升新闻视听传播成效具有重要意义。无论是重视实现“广播”和“窄播”的结合，还是重视与受众开展互动、关注受众反馈，都是“受众本位”理念的重要体现。

从观众互动与观众反馈方面来看，新媒体为新闻视听传播主体和新闻受众之间的互动、交流提供了良好的平台。如在新闻客户端中，新闻视听传播主体与新闻受众可以在留言板块开展互动，也可以使用弹幕进行交流，这对于强化新闻受众在新闻视听传播中的受众参与性、拉近新闻视听传播主体与新闻受众之间的距离起到了重要作用。另外，新闻视听传播主体与新闻受众互动渠道越通畅，新闻视听传播主体就越容易得到新闻受众的反馈信息。而依据这些反馈信息，新闻视听传播主体可以对新闻视听作品创作策略、传播策略的制定与调整进行针对性优化，这不仅能够实现新闻视听传播工作与受众需求的良好对接，而且也能够促使新闻受众体验到新闻视听传播主体对自身需求的关注与尊重，从而增强新闻视听传播主体与新闻受众之间的黏性。

二、新媒体时代下新闻视听传播的发展趋向

在新媒体时代，新闻视听传播将呈现出以下四大发展趋势。

（一）新闻视听传播主体的专业化水平将得到持续提升

新媒体时代，传播主体的专业化水平将持续增强，社会大众与专业记者的拍摄能力均得到提升，以此形成良性循环。具体而言，从社会大众角度来看，随着对大量优秀新闻视听作品的产生，社会大众的审美能力、拍摄水平也将有效提升，在此基础上，新闻媒体也能够从社会大众拍摄的新闻摄像作品中筛选出质量更高的作品进行呈现，从而形成良性循环；从专业新闻摄像记者角度来看，在新闻摄像工作实践中，凸显出专业化作品与公众新闻摄像作品之间的差异，是大部分专业新闻摄像记者的职业追求之一。在这种职业追求的引导下，新闻摄像记者也会采用更为专业的摄像态度、思维、手段、技术以及设备，使新闻视听作品展现出更专业的特征。

（二）新闻视听传播内容的品质将得到持续提升

无论是从参与新闻创作的社会大众角度还是从专业的新闻摄像记者角度来看，新闻视听传播主体的新闻视听能力都会得到持续提升，这就能够为新闻视听作品品质的提升进行保障。另外，从对新闻视听作品的把关来看，在激烈的媒体竞争中，做好新闻视听作品筛选工作，是增加新闻视听作品吸引力以及积累更多受众的必要路径，因此，新闻媒体为了不断提升自身市场竞争力、影响力，必然会在未来形成更为严格的新闻视听作品筛选标准，并对新闻视听工作者应当具备的综合素质、岗位胜任能力提出更高要求，在此基础上，新闻视听作品品质也必将得到进一步的提升。

（三）新闻视听传播时效性将得以持续提升

新闻传播的时效性对于新闻的新鲜性、吸引力产生决定性的影响，而新闻摄像是新闻报道中重要的组成部分，这决定了提升新闻摄像传播速度，是新闻摄像工作者开展新闻摄像实践重要的价值取向之一。现代技术的发展，为新闻摄像传播时效性的提高提供了有力支撑。例如，目前已普及的5G技术能够提升新闻图片、新闻视频的上传与下载速度，使新闻图片与新闻视频筛选工作、剪辑工作呈现出更高效率。由此可见，随着信息技术的持续发展以及这些技术与新闻摄像传播工作的深度融合，新闻摄像传播时效性将得以持续提升。

（四）新闻视听与新技术的进一步深度融合

随着新技术的发展，尤其是虚拟技术的崛起，电视新闻制作迎来前所未有的新机遇。虚拟现实（VR）技术依托先进的计算机技术精心构建了一个三维立体、高度仿真的虚拟世界，它不仅能够通过视觉、听觉的沉浸式体验让观众仿佛置身新闻现场，还能在一定程度上模拟触觉、嗅觉乃至味觉的感知，实现了多感官的全方位交互。这种技术将静态的新闻视频转化为生动、可探索的三维动态场景，极大地丰富了新闻的表现形式和传播维度。VR等技术的引入将为电视新闻制作带来新的机遇，通过虚拟前景、虚拟演播厅等多元交互式的三维动态展示方式，使新闻更具有表现力与吸引力[1]。

综上所述，在新媒体浪潮的推动下，新闻视听传播正经历着深刻的变革与融合。一方面，传播主体的专业化水平不断提升，社会大众与专业记者的拍摄技能相辅相成，形成正向循环，共同促进新闻摄像作品质量的飞跃。另一方面，新闻内容

[1] 吴线．电视新闻制作形式与拍摄的创新［J］．新闻战线，2017（13）：114-116.

品质成为竞争焦点，严格的筛选机制与对综合素质的高要求，确保了新闻摄像作品的精益求精。同时，新闻视听传播的时效性在新技术的助力下显著增强，特别是5G技术的应用，让新闻素材的传输与处理更加高效，满足了现代观众对信息即时性的迫切需求。尤为瞩目的是，新闻视听与新技术，特别是与虚拟现实的深度融合，为新闻制作带来革命性的变化。VR技术以其沉浸式、多感官交互的特点，让新闻从二维平面走向三维立体，为观众提供了前所未有的新闻体验。相信未来会有更新的技术提升新闻的传播效率。

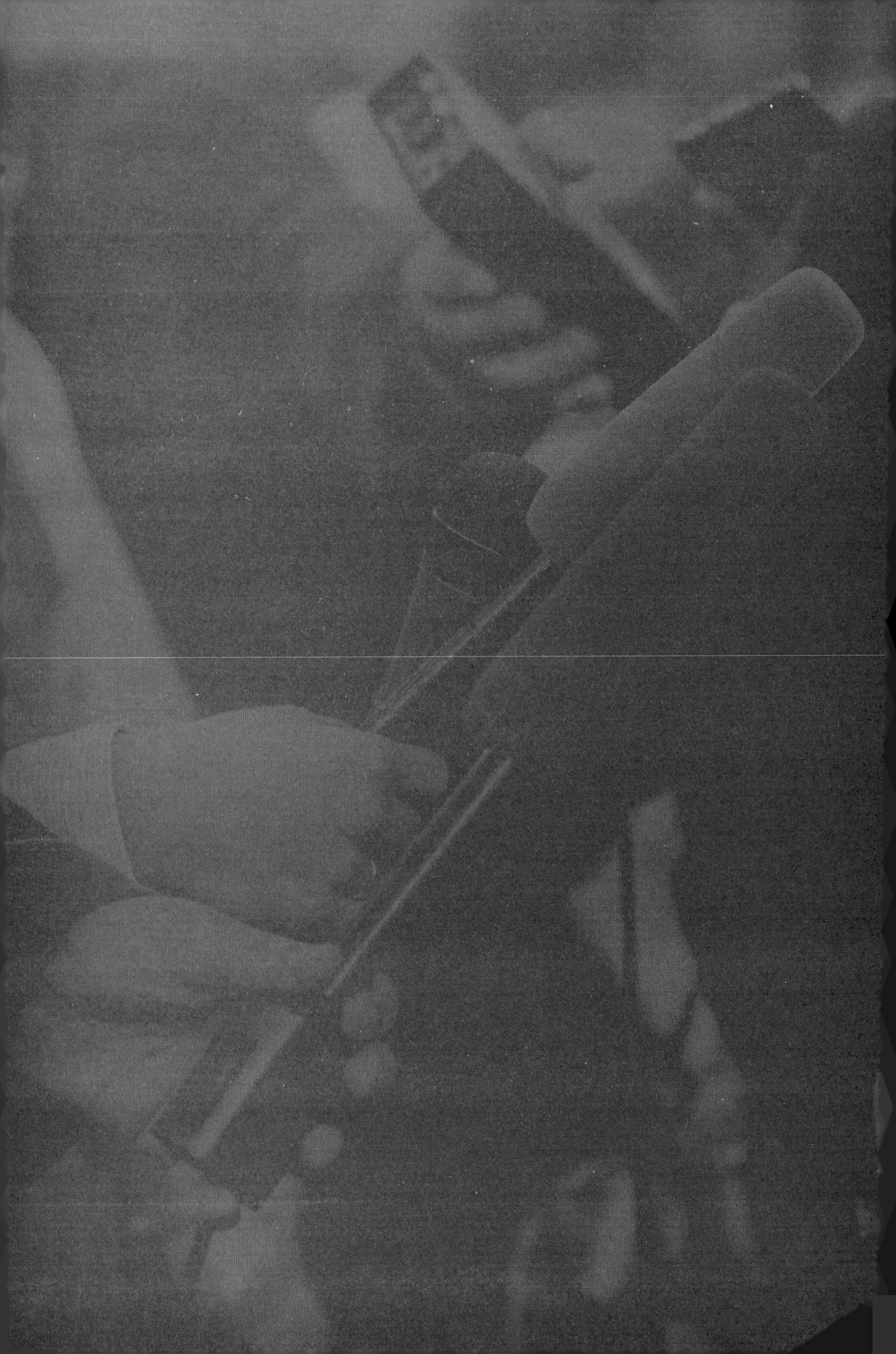

第三章

新技术赋能新闻视听语言发展创新

随着全球信息化进程的不断加快，新闻内容的生成、传播方式和手段正经历着前所未有的变革。一方面，数字技术的发展，尤其是人工智能A（Artificial Intelligence，AI）、生成式人工智能B（Artificial Intelligence Generated Content，AIGC）、虚拟现实C（Virtual Reality，VR）、增强现实D（Augmented Reality，AR）、区块链E和大数据F（big data）等新兴技术的深度运用，不仅转变了新闻内容生产的实践策略，也深刻影响了新闻传播路径和受众的接受方式。在这一背景下，新闻内容的传统视听生产面临着巨大的融合机遇与挑战。另一方面，传统新闻视听语言作为新闻内容的重要承载形式，在新闻传播中具有不可替代的地位。它通过最基本的视听语言元素，以景别、构图、声音、光线、色彩以及镜头调度等多重媒介符号的组合运用，实现了画面、声音、文本各层面对新闻事实的多维呈现，增强了新闻的可视性和感染力。然而，随着数字技术的不断发展，受众对新闻内容的需求日益多样化，传统常规的视听语言表达方式日渐局限。面对这一现实，如何在保留传统新闻视听语言核心价值的同时，充分利用新技术的优势，创新新闻内容表达形式，提升新闻传播的有效性，成为当前新闻内容制作领域亟待解决的重要课题。

新技术的引入，为传统新闻视听语言的发展提供了丰富的技术支持和创新空间。首先，人工智能技术的应用，使得新闻生产的自动化、智能化成为可能，新闻内容的生成、剪辑、配音和推荐等环节都可以借助AI技术实现精准化与高效化[7]。

---

❶ 人工智能，是新一轮科技革命和产业变革的重要驱动力量，是研究、开发用于模拟、延伸和扩展人的智能的理论、方法、技术及应用系统的一门新的技术科学。

❷ 生成式人工智能，是指基于生成对抗网络、大型预训练模型等人工智能的技术方法，通过已有数据的学习和识别，以适当的泛化能力生成相关内容的技术。

❸ 虚拟现实，是虚拟和现实相互结合（采用特定技术生成一个虚拟的情境，但给人以现实的感觉）。从理论上来讲，虚拟现实技术是一种可以创建和体验虚拟世界的计算机仿真系统，它利用计算机生成一种模拟环境，使用户沉浸到该环境中。

❹ 增强现实技术是借助光电显示技术、交互技术、多种传感器技术和计算机图形与多媒体技术将计算机生成的虚拟环境与用户周围的现实环境融为一体，使用户从感官效果上确信虚拟环境是其周围真实环境的组成部分。增强现实具有虚实结合、实时交互、三维注册的新特点。

❺ 区块链，一种基于哈希证明的链式区块结构，即称为区块链的数据结构。

❻ 大数据（big data），或称巨量资料，指的是所涉及的资料量规模巨大到无法透过主流软件工具，在合理时间内达到撷取、管理、处理、并整理成为帮助企业经营决策更积极目的的资讯。

❼ 陆先高．变革与创新：AI引领媒体融合发展新趋势［J］．传媒，2024（12）：9-11.

其次，虚拟现实与增强现实技术的出现，打破了传统观看新闻的时空限制，使观众能够以沉浸式的方式体验新闻事件，极大地增强了新闻报道的临场感与互动性[1]。最后，大数据技术的深度应用，使得新闻内容的生产更加依赖数据，新闻报道的精准度与个性化水平大幅提升。而区块链技术则为新闻的真实性与版权保护提供了新的解决方案，在信息爆炸时代保障了新闻的公信力与原创性。在此背景下，传统新闻视听语言的创新发展，不仅是技术进步的必然要求，更是时代赋予新闻工作者的重要使命。这种创新不仅体现在新闻内容的生产方式上，更体现在新闻的表达形式与传播途径的多样化上。新闻的视听语言不再局限于单一的文本或影像，而是通过多种媒介形式的整合与创新，实现了新闻传播效果的最大化。

本章旨在通过探讨数字技术等新技术对传统新闻视听语言的赋能作用，分析新技术在新闻传播中的应用实践与发展趋势，探索新技术背景下传统新闻视听语言的创新路径。希望通过对这一问题的研究，为新闻从业者提供一些具有实践意义的参考，并为新闻视听语言的未来发展贡献一些理论上的思考。

第一节　视觉叙事：景别构图建构新闻摄像表现基础

在新闻视听领域，景别与构图是影响画面影像效果和传递视觉信息的重要因素，不仅影响观众对新闻内容的理解，还能传达特定的情感和信息，塑造新闻的视觉叙事效果[2]。一方面，景别不仅决定了观众视野所观看到的画面范围，还直接影响影像信息的呈现方式和观众的情感反应。合理选择景别可以更好地展示事件的背景和细节，而构图则是将画面元素有机排列的艺术，使画面更具吸引力和表现力。另一方面，在新时代，随着无人机、虚拟现实等新技术的应用，景别与构图在新闻报道中的创新使用，不仅丰富了新闻的视听语言，新技术的深度运用，还带来了功能层面的变化，观众也由最初的视觉观看转变到其他感官共同参与的沉浸体验，并

[1] 卢嘉杰，张晗．超验的在场：虚拟现实新闻的认知、体验与行动研究[J]．新闻界，2023（5）：16-27，40.

[2] VAFEIADIS M，HAN J G，SHEN FY. News storytelling through images：examining the effects of narratives and visuals in news coverage of issues[J]. International journal of communication，2020（14）：4364-4383.

进一步提升了信息识别和抓取的效率。总的来说，景别与构图在新闻视听领域中不仅是技术手段，更是新闻内容视觉叙事工具和情感表达的载体。通过景别选择与构图设计，新闻工作者能够更有效地传递信息，影响观众的情感与理解，从而实现新闻传播的核心目标。

一、景别的基本概念及其在新闻摄像中的应用

在新闻摄像中，景别（Shot Size）指的是摄像机与拍摄对象之间的距离以及由此决定的画面取景范围。不同的景别决定了画面中被拍摄主体与环境的比例关系，影响观众的注意力焦点和情感体验。在新闻报道中，景别的选择直接影响新闻内容的呈现效果和叙事风格。以下是新闻摄像中常用的几种景别概念。

（一）远景（Long Shot）

远景是景别呈现方式之一，用于展示拍摄主题的背景和环境，常用于描述大型场景或提供故事的背景信息。远景在画面中包括大量环境，人物或主体在其中占据较小的比例。首先，远景可以有效传递事件发生的地点、场景氛围及其空间布局，帮助观众理解事件的整体脉络和背景。其次，远景常被用来展示新闻现场的真实环境，真实感的体现能够增加新闻报道的可信度和权威性。最后，远景常作为新闻片段的开场镜头，用于建立事件背景，引导观众进入新闻叙事的具体情境。例如，在报道大型集会或自然灾害时，远景能够有效地展示事件的规模和背景环境，帮助观众更好地、整体性地代入并了解事件。

（二）全景（Wide Shot）

全景也是景别呈现方式之一，用于展示事件的全貌，使观众能够看到整个场景中的主要人物和事件。首先，在新闻摄像中，全景可以用于描述整个事件现场，如国外游行示威的整体画面，提供一个全面的视角，帮助观众掌握事件的总体情况。其次，全景常作为新闻故事的开端，为接下来的中景、近景等后续镜头奠定基调，也为新闻叙事提供了一个宏观的视角，让观众逐步进入事件的具体细节。最后，全景能够营造视觉上的冲击力，在展示自然奇观、城市风光或大型活动时，可以吸引观众的注意力并增强报道的视觉叙事效果。

（三）中景（Medium Shot）

中景是一种介于全景和近景之间的拍摄方式，通常展示被摄主体的半身或全

身，并包括部分背景。在新闻采访中，中景在画面中提供了一个平衡的视角，用于拍摄人物对话或单人场景，既能突出人物或对象，又能保留足够的背景信息，让观众了解新闻事件的始末，增加报道的真实性和可信度，使报道具有更强的情境感。同时，平衡宏观视角与细节展示，使视觉叙事更加流畅和连贯。此外，中景在传递人物情感的同时，还传递了与之相关的环境信息，从而使新闻报道更加全面和具有层次。

（四）近景（Close-Up）

近景主要用于展示人物胸部以上或某个对象的细节，画面中包含较少的背景。近景能够将观众的注意力集中在主体的细节上，如面部表情变化、手势动作或主体呈现，从而传达情感和关键信息。中景在新闻报道中具有强烈的情感冲击力和叙事效果，是新闻视觉叙事的重要工具之一。通过近景，新闻摄像可以有效地集中传达关键信息。例如，记者在报道时使用近景，可以清晰地传递语气、态度和情绪，同时也能让观众专注于记者所表达的内容。近景常用于激发观众的情感共鸣，缩短观众与被摄主体之间的心理距离，从而增强报道的感染力。

（五）特写（Extreme Close-Up）

特写是一种极为紧凑的画面呈现手段，专注于被摄主体的一个特定部分或极小的细节，几乎完全排除了背景。特写常用于展现人物的眼睛、嘴巴、手指，或者某个关键物品的极其细微的部分。通过特写，新闻摄像可以营造出紧张或悬疑的氛围。例如，在报道某个关键性瞬间时，特写能够放大紧张感，使观众感觉到即将发生的重要事件或决策。特写能够镜头能够极大地增强情感，表达或突出细节信息，使观众对某一特定点产生强烈关注。特写能够将情感表达推向极致，使观众能够深切体会到人物的内心世界。总之，特写镜头几乎消除了人物与观众之间的距离，增加了情感的共鸣与冲击力。

当然，除了景别的基础划分，每个单独的景别又可进一步在此基础上作不同程度的单一景别划分。例如，中景又可进一步划分为中近景，特写可以分为大特写和微距镜头等。通过景别的合理运用，可以使新闻摄像更加生动并具有层次感，帮助观众更好地理解新闻事件的背景、环境、人物以及关键细节，承担着传递背景信息、展示情境、表达情感和突出细节的任务。例如，远景和全景能够提供宏观视角，中景和近景的搭配则提供微观视角，通过不同景别的切换，能够全面展现新闻事件的不同层面，不同景别各自发挥独特的作用，构建出多层次、富有感染力的视觉叙事效果，帮助观众更好地理解新闻事件的全貌与核心，增强新闻报道的影响力和情感共鸣（图3-1-1）。

图3-1-1　新闻节目报道中不同景别所形成的不同层次效果

二、新技术在景别选择中的创新应用

随着技术的发展，各种新的拍摄技术和画面创新呈现为新闻摄像中的景别选择带来了突破和丰富，结合新技术的应用，如无人机拍摄、360°全景摄像、多景别实时切换等效果，使得景别的运用变得更加灵活多样，为观众提供了新颖的观看角度，改变观众的观看习惯，也衍生出了新闻播报的新形式，促进新闻内容视觉叙事新样态，为新闻报道注入新的活力和创新。

（一）无人机技术

无人机技术[1]的应用为新闻报道提供了全新的高空视角和大广角景别，能够拍摄到传统手持或固定摄像机无法达到的高度和角度。无人机可以从空中俯瞰大范围的场景，提供更全面的背景信息，机常用于大型事件的报道，如抗洪救灾，能够全方位展示灾区的全貌和救援工作的进展。无人机的灵活性和机动性，能够在复杂环境中拍摄出高质量的画面，捕捉动态画面，增加了新闻报道的视觉效果和信息量。

[1] 无人驾驶飞机简称“无人机”，英文缩写为“UAV”，是利用无线电遥控设备和自备的程序控制装置操纵的不载人飞机，或者由车载计算机完全地或间歇地、自主地操作。

经典案例

在2024年全国各地的洪灾报道中，无人机深入灾区上空，实时传输高质量的视频画面，使观众能够清晰地看到洪水的泛滥情况和救援人员的工作状态（图3–1–2）。这种全景视角不仅增强了报道的现场感，还提高了新闻的透明度和可信度。此外，无人机还被用于报道大型集会和体育赛事（图3–1–3）。例如，在大型体育赛事中，无人机的高空拍摄可以覆盖整个场馆，使观众能够从不同角度观看比赛过程，提供了更加丰富和多样的视角。

图3–1–2 抗洪救灾新闻报道无人机多视角

图3–1–3 2024年春晚无人机表演视角矩阵

（二）360° 摄像技术

360°摄像技术[1]增强了观众的沉浸感，使其能够全方位观看新闻现场，突破了景别画框限制，达到全景别或无景别的视觉效果。这项技术在虚拟现实新闻中的应用尤为突出。360°摄像技术的概念包括全景拍摄和沉浸式体验。通过360°摄像设备，可以同时捕捉四周的景象，生成全景视频，使观众通过VR设备或全景播放器观看全方位的画面。观众只需滑动手机屏幕，就可以看到任何想看的角度。360°摄像技术不仅提升了新闻报道的真实感和沉浸感，还通过全景展示，让观众有了“身临其境”的观看体验。

经典案例

在《中国新闻》[2]报道中，360°摄像技术被广泛应用于重大事件的报道。2016年北京召开两会期间，使用360°摄像技术的报道使观众可以全方位观看会议现场，感受会议的氛围和细节。在2022年北京冬季奥运会期间，使用360°摄像技术对开幕式进行了全景报道，观众可以通过VR设备全方位观看盛大的开幕式现场（图3–1–4）。

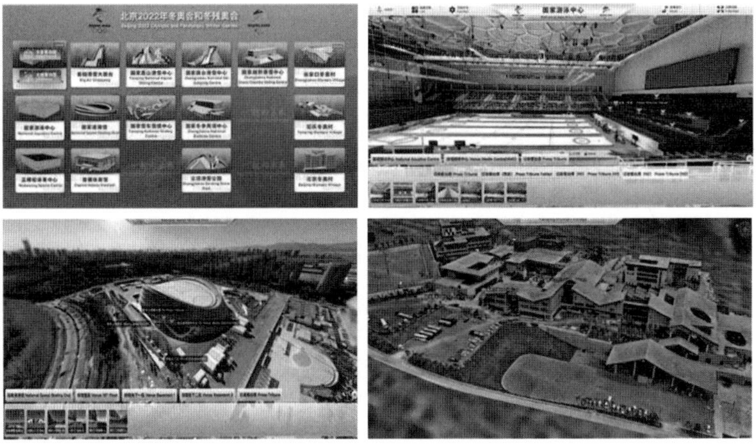

图3–1–4　北京冬奥会360°全景导览系统

---

❶ 360°摄像技术等相关技术要素出自360°全景摄影，利用相机环拍360°得到一组照片，再通过专业软件无缝处理拼接得到一张全景图像，然后采用flash技术制作为swf格式的图像。

❷《中国新闻》栏目作为中央广播电视总台中文国际频道的新闻节目品牌之一，多次获得央视年度十大名牌节目称号，其宗旨是向全球华人传递最新、最快、最权威的新闻资讯。

（三）实时多景别切换

实时多景别切换[1]是一种在新闻直播或摄像中使用的技术，能够通过多个摄像头同时捕捉不同角度和距离的画面，并在直播或录像过程中进行即时切换。这项技术允许新闻报道在不同景别（如全景、近景、特写）之间快速转换，从而提供更加丰富和多维的视觉信息，丰富画面内容。

经典案例

2020年美国总统大选夜是全球媒体密切关注的重大新闻事件，新闻机构需要以最快速和最全面的方式向观众传达选举结果、分析和反应。在这样一个复杂、多变的环境中，实时多景别切换技术起到了关键作用。媒体机构通常会在不同的地点部署多台摄像机，例如，竞选总部、选票统计中心、记者新闻直播间以及选民投票站等。这些摄像机分别捕捉全景、近景和特写画面，涵盖了从广泛的群众场景到候选人及其团队的表情反应等多个角度。这种技术还使得复杂的数据和信息以更直观的方式呈现，比如通过AR技术在演播室中叠加投票地图或数据分析，结合景别切换，提供沉浸式的观看体验（图3-1-5）。

图3-1-5 美国总统大选中的多景别层次效果

[1] 多景区切换是指通过多台摄像机以记录方式对现场进行拍摄，全程通过切换台现场切换，从而在人介入的决策之下，实现半自动化、半智能化的实时动态的镜头景别切换功能。

在新闻摄像中，新技术对景别选择的创新应用不仅丰富了新闻报道的表现形式，也极大地提升了信息传达的效率和观众的体验感。新技术之间的结合，为新闻摄影师提供了更多创作的自由和灵感，推动了新闻业在数字化时代的不断进化与发展。未来，随着技术的进一步发展，新闻摄像在视觉叙事景别选择上的创新应用将会更加纷繁复杂，以期为观众带来更加丰富、多维的新闻体验。

三、新闻摄像的构图原则与基本美学

构图是指在摄影和绘画等视觉艺术中，将画面元素按照一定的规则和美学原则进行安排和组织，以达到平衡、美观和有效传达信息的目的[1]。新闻构图是新闻内容画面报道上的布局、结构。其具体含义是运用相机镜头的成像特征和摄影造型手段，根据现场及主题的要求，组成一定的画面，对客观对象和事件进行真实的还原和一定的画面表现力，更能充分地揭示一定的内容。构图不仅决定了画面的整体布局和视觉效果，还影响观众的注意力和情感反应。画面结构要做到：明确主题、辨别主次、弃繁就简、布局适宜。主体要突出，恰当衬托以陪体和背景，使画面既不杂乱，又不单调，多样而统一，鲜明而简练。简洁、多样、统一、均衡是构图的基本要求。不加选择、不分主次、记录式的自然主义，以及把形式视为新闻内容表达中的唯一重要因素的形式主义倾向，都是构图中坚决反对的。

（一）构图的基本原则

构图的基本原则包括三分法则、对称构图和引导线等。

1.三分法则

三分法则是最常用的构图原则之一。这种构图方法是用4条直线，将画面分割成9个相等的方格。主体应放置在这些分割线的交点上，这样能使画面更具平衡感和美感。这种构图主体表现鲜明，画面简练。例如，在新闻报道中，记者或采访对象通常会放置在三分之一处，以便于背景信息的展示。

2.对称式构图

对称构图强调画面的对称性，具有平衡、稳定、相呼应的特点，使画面看起来更加整齐和稳定。在一些庄重的新闻报道中，如重大活动或典礼现场的报道，对称

[1] 王利剑．电视摄像技艺教程［M］．北京：中国广播电视出版社，2008.

构图能够很好地传达出庄重和正式的氛围，常用于表现对称的物体、建筑、特殊风格的物体。

3. 引导线

引导线构图法，就是利用画面中的线条去引导观者的目光，使观者的目光最终可以汇聚到画面的焦点。当然引导线并不一定是具体的线，只要是有方向性的、连续的东西，都可以称之为引导线。在现实生活中，道路、河流、整齐排列的树木、颜色、阴影甚至是人的目光都可以视为引导线。例如，在新闻报道中，通过道路、建筑物等线条的引导，可以突出报道的重点对象或事件，增强画面的层次感。

（二）构图的基本美学

构图是视觉艺术中至关重要的一环，它不仅决定了画面的视觉平衡和美感，还直接影响到观众的情感体验和信息传达效果。在新闻摄像中，优秀的构图可以使画面更具吸引力和说服力，同时帮助观众更好地理解报道的内容和背景，构图好坏也是对于摄影师的审美水平高低的考验。构图的美学受以下几个因素影响。

1. 视觉和谐与平衡

构图需要达到视觉上的和谐与平衡，这不仅能增强画面的美感，还能使观众更容易理解和接受新闻内容。在新闻摄影中，合理安排各个元素的位置和比例，是构图美学的核心要求。

2. 色彩的运用

色彩在构图中的运用直接影响观众的情感反应和注意力。暖色调，如红色和黄色可以传递出热情和紧张感；而冷色调，如蓝色和绿色则能传递出冷静和可靠的信息。颜色的组合也非常重要，将某些颜色组合起来，可以在视觉上更加引人注目。相对的两种颜色为互补色，将这两种颜色安排在同一个画面里，可以使画面更有吸引力，营造出视觉强反差效果。

3. 画面细节及层次感

画面的细节和层次感可以通过前景、中景和背景的合理安排来实现。在新闻报道中，前景的细节可以增强画面的真实感，中景的主体可以突出报道的核心内容，而背景的信息则能提供更多的环境和背景资料。例如，在采访现场，通过前景的人物、中景的采访对象和背景的环境，可以使画面更加丰富和立体。

4. 主体构图呈现

通过控制焦距以及浅焦虚化等摄像技术手段表达主体构图呈现，将所表达的内容填满整个影像画面。周围留很少的空间甚至不留空间，这有助于观众完全关注主体而不受其他因素干扰，而且还能让人很清楚地看到这个主体的细节。此类方式常在新闻摄像中运用，突出被表达的主体。

合理遵循新闻摄像的构图法则和其基本美学特质并不仅是为了创造客观、冷静、真实的画面，更是为了增强新闻报道的视觉传达效果[1]。简洁明了的构图能够使新闻画面更加清晰有力，确保观众在瞬间获取关键信息的同时，感受到事件背后的情感与意义。在当今媒体环境中，随着技术的进步与传播手段的多样化，新闻摄像的构图不仅要保持传统的美学原则，还应不断适应新技术的应用和观众的需求，从而进行不断地优化和创新。

四、AI技术在构图优化中的创新应用

人工智能技术的进步，为新闻视频的构图优化提供了新的工具和方法。例如，Adobe Sensei[2]的AI构图优化工具和目前主流相机市场上以Sony ZV-E1[3]为代表的系列相机。

Adobe Sensei是一种利用人工智能和机器学习技术的智能构图优化工具。通过对画面内容进行深度分析，Adobe Sensei能够自动识别画面中的主体和背景元素，并根据摄影构图规则调整画面构图。Adobe Sensei通过图像识别技术，自动分析画面中的人物、物体和背景，识别出画面中的重要元素，根据分析结果，提供最佳的构图建议，甚至可以利用AI进行图片扩充。

---

❶ 肖勇．摄影记者如何应对新闻视觉化[J]．传媒观察，2008（6）：60.

❷ Adobe Sensei并非一款单独的软件产品，而是一个可以应用于Adobe旗下各款产品的底层人工智能工具，可以应用在Photoshop、Premiere、Illustrator等软件中。

❸ Sony ZV-E1，是索尼旗下相机，2023年3月发布，主打Vlog功能。ZV-E1采用了约1210万有效像素全画幅背照式Exmor R CMOS影像传感器，可提供15+级宽广动态范围，使相机可在不同的照明环境下捕捉影像。

经典案例

Adobe Firefly❶ 生成式 AI 主要是使用生成式对抗网络（GAN）技术❷，通过学习和模拟大量图像数据，它可以生成新的图像内容，实现图像的合成、修复和风格迁移等任务。比如新增或抠除某个元素、生成或替换背景、扩展图片空白部分以及融合多个图片等（图3−1−6）。

图3−1−6　Adobe Firefly中AI生成图像效果概览

而在视频的前期拍摄过程中，像Sony ZV−E1这一类型的相机配备了先进的自动构图功能，该功能利用AI技术识别和跟踪画面中的主体，会自动调整构图。

经典案例

Sony ZV−E1的智能主体识别功能，通过内置的AI算法识别画面中的人物和物体，并实时跟踪主体位置。还可以进行自动构图调整，根据主体的位置和运动，自动调整画面构图，确保主体始终位于最佳位置，提高画面的稳定性和美观度，结合自身的防抖技术，确保即使在动态拍摄中也能保持画面的清晰和稳定。这些功能非

---

❶ Adobe Firefly是Adobe专为安全商业用途而设计的创意生成人工智能模型系列。2023年9月开始，Adobe Firefly邀请所有Creative Cloud用户测试Firefly，并陆续整合到Lightroom、Fresco和Behance等应用程序中。

❷ 生成对抗结构GAN（Generative Adversarial Networks）已经成为人工智能学界一个热门的研究方向，GAN的基本思想源自博弈论的二人零和博弈，由一个生成器和一个判别器构成，通过对抗学习的方式来训练，目的是估测数据样本的潜在分布并生成新的数据样本，在图像和视觉计算、语音和语言处理、信息安全、棋类比赛等领域，GAN正在被广泛研究，具有巨大的应用前景。

常适合在单兵作战时，拍摄一个或多个被摄主体，提高拍摄效率，只需要打开相关的功能就可以进行自动构图。例如，在拍摄一场突发新闻事件时，只需通过AI技术快速分析画面内容，然后摄影师选择要拍摄的主体，AI就会针对被选择的主体进行自动构图（图3-1-7）。

图3-1-7　Sony相机自动构图功能展示

AI技术在新闻摄像构图优化中的应用，为新闻行业带来了前所未有的革新。通过自动化的构图建议、实时的画面分析以及个性化的内容构图优化，大大提升了新闻摄像的效率和质量，使得新闻创作人员能够更加专注于内容创作和现场报道。AI技术不仅帮助优化了画面构图的美学表现，还在一定程度上提升了新闻报道的准确性、即时性、多样性。同时，AI技术的应用也推动了新闻行业朝着更加智能化和数据驱动的方向发展。

第二节　感知强化：镜头运动提升新闻观众沉浸感体验

运动是视频影像最为突出的特点。观众的视觉经验是动态的，运动容易引起眼睛注意，动态的画面通过时间和空间的延续带给观众身临其境的现场感[1]。而观众总是因富有运动感的影像而引起注意。因此，在一段新闻内容的视觉片段中，影像

[1] 李昂．图像学视域下传播沉浸感的提升：以电视舞蹈节目为例［J］．中国电视，2022（5）：46-53.

的运动特性分为两种：一是表现运动，即展现运动主体（被摄对象）的姿态，满足特定主题的需要，是画面造型的灵魂。二是运动表现，即摄像机本身的轨迹、速度、方向、角度和画面景别的变化。

镜头是新闻摄像和视频片段制作的基本单位，指的是从按下录制按钮开始到停止录制之间连续记录的影像。一个镜头通常由一个或多个画面构成，是叙事和视觉表达的重要工具。运动镜头是指在一个镜头中，通过摄像机的机位移动、改变摄像机的光轴方向和变化光学镜头焦距进行的一种拍摄方式。运动镜头在拍摄过程中，会造成景别、方向、视角、速度等的变化，这些变化为新闻摄像的视觉叙事提供了非常丰富的表现手段，以增强视觉效果和叙事表达。镜头运动可以增加画面的动态感和空间感，使观众更加投入。

一、运动镜头的类型功能与形态特征

运动镜头的形态方式与审美特征对于增强视觉效果、传达信息和引导观众情绪起到至关重要的作用。在新闻摄像中，运动镜头可以分为几种类型：推拉镜头、平移镜头、摇镜头、跟镜头等。每种类型的镜头都有其独特的功能和应用场景。

（一）推拉镜头（Zoom Shot）

推拉镜头通过调整摄像机镜头的焦距，实现画面的放大（推镜头）或缩小（拉镜头）。推镜头可以将视野集中在特定细节或主体上，逐渐靠近拍摄对象，使其在画面中占据更大比例，常用于引导观众的注意力集中到特定对象或场景，增强观众的注意力和情感共鸣。例如，在报道中，推镜头放大某个关键人物的表情，以突出其情感和紧张感。与推镜头相反，拉镜头通过将摄像机向后移动，逐渐拉远拍摄对象，常用于展示环境或扩展视野，包含更多的场景信息，提供更多上下文信息，传递一种疏离感或全景视角，让观众对事件有更全面的了解。推拉镜头的塑造方式有很多种，可以通过控制摄像机与被摄主体间的距离，也可以通过变焦手段调整摄像机上的焦距，来实现推拉镜头的效果[1]。

---

[1] 在一个镜头内，同时进行推镜头与拉镜头的运动手段形成的效果叫“推拉变焦”（Dolly Zoom），也称“滑动变焦”，所谓滑动变焦，就是在改变镜头焦距的同时，让摄像机也动起来，使得镜头中的物体在画面中的大小始终保持不变，只改变背景的大小。特点是：镜头中的主体大小不变，而背景大小改变，是电影拍摄中很常见的一种镜头技法，并不用于新闻摄像中。

（二）平移镜头（Pan Shot）

平移镜头[1]是指摄像机固定在三脚架上或其他支架上，通过水平移动镜头来拍摄场景。平移镜头通过摄像机的移动捕捉画面，使观众跟随镜头体验一个连续的、流动的视觉过程。这种技术通常用于展示宽广的场景或跟随运动中的主体。平移镜头可以产生一种平稳和持续的体验感，适合传达事件的全貌和环境的广泛性，不仅能丰富新闻画面的表现力，还对增强报道的情感和叙事表达起到了一定的作用。

（三）摇镜头（Tilt Shot）

摇镜头指摄像机在固定位置，通过改变光轴稳定旋转来上下或左右摇动镜头。摇镜头通常用于展示场景的垂直或水平变化，或者跟随移动的主体，其可以产生一种动态变化的感觉，画面从一侧移动到另一侧，形成连贯的视觉流动感。

（四）升降镜头（Crane Shot）

升降镜头属于平移镜头的变种，通过吊臂或起重机进行上下移动。升降镜头通常用于展示大范围的场景或创造宏伟的视觉效果，可以产生一种宏伟和俯瞰的感觉，适合展示大型场景的全貌和壮观性，常在大型新闻活动报道中使用。

（五）跟随镜头（Tracking Shot）

跟随镜头是指摄像机沿着特定轨道或路径移动，以跟随拍摄对象或展示场景的变化。跟随镜头通过移动摄像机跟随拍摄对象，常用于展示动态场景，摄像机与对象同步移动，保持主体在画面中的相对位置不变，使观众仿佛在与对象一起行动，画面的参与感和紧张感较强。常见的移动方式包括轨道移动和手持移动。移动镜头能够带来一种跟随和流动的感觉，增加观众的沉浸感和连贯性。

（六）手持镜头（Handheld Shot）

手持镜头[2]由新闻摄像师手持摄像机拍摄，通常带有轻微的抖动，能够增加画面的动感和真实感。手持镜头可以传递一种紧张和动荡的感觉，画面略有不稳定感，适合捕捉自然和人文的真实瞬间，用于增强画面的真实性和临场感，特别适合突发新闻或紧张的场景。例如，在突发事件的现场报道中，手持镜头传达出紧张的气氛，使观众感受到现场的紧迫，增强观众的代入感。

---

❶ 有些平移镜头也称为跟镜头，如侧跟，在电影摄像中区别较为明显，但在新闻摄像中，区别及用途并不明显。

❷ 手持镜头可以是跟随镜头的一种延伸，如在战地新闻报道中，具有强烈晃动感的镜头拍摄，也称为手持跟随镜头。

经典案例

运动镜头在新闻摄像中扮演着重要的角色，通过这些镜头运动方式的合理运用，新闻报道和影视作品能够更好地传递信息和情感，增强观众的观看体验。例如，在报道洪水灾害时，使用摇镜头展示洪水的迅猛流动，增强了报道的紧张氛围，在报道救援人员的英勇事迹时，通过推镜头聚焦救援人员的面部表情，突出他们的决心和无畏精神（图3-2-1）。运动镜头能够有效地引导观众的视线、强化报道的情感表达以及增添视觉叙事的层次感[1]。随着技术的进步和设备的升级，运动镜头的应用将更加灵活和多样，为新闻报道提供更为丰富的表达手段和更深刻的视觉体验。

图3-2-1　新闻报道中镜头运动的不同效果

二、智能轨道系统与摇臂拍摄技术在新闻拍摄中的应用

现代新闻摄像越来越多地使用摇臂和智能轨道等新型设备，以提供更加丰富和多样的运动镜头。新型技术设备提升了新闻拍摄的视角和覆盖面，提高了拍摄时的灵活性和机动性，增强了画面的创意和表现力，使新闻摄像师能够更自由地发挥主观创造力，拍摄出具有视觉冲击力和艺术性的画面，进一步提高工作安全性和效率。摇臂摄影机和智能轨道的自动化和智能化功能可以提高拍摄效率，减少人力和时间成本。通过这些先进设备的应用，现代新闻摄像不仅在技术上实现了突破，更在内容表现和观众体验上得到了显著提升，使新闻报道更加生动、直观和富有冲击力。

---

[1] 胡立德. 新闻摄像[M]. 杭州：浙江大学出版社，2006.

（一）智能轨道系统

智能轨道系统[1]在新闻摄像中是一种结合了自动化和智能技术的拍摄工具。智能轨道系统由可移动的轨道、摄像机支架和控制单元组成。轨道通常安装在地面或吊挂在空中（飞猫索道），摄像机固定在轨道支架上，可以沿轨道平滑移动。通过预设路径、速度和镜头参数，摄像机可以在轨道上按计划移动。自动化技术能够实时调整摄像机的运动，响应现场的变化，如自动跟踪对象、调整对焦和曝光等。这一系统在新闻摄像中的应用，提升了拍摄效率、稳定性和画面质量，同时为新闻报道带来了更多创意和可能性。智能轨道系统有以下几种应用场景。

1.演播室室内拍摄

智能轨道系统在新闻演播室中被广泛应用，通过预设的轨道移动，摄像机可以在不影响现场环境的情况下进行平稳的镜头切换，提供流畅的画面过渡，增强报道的专业感和观赏性。系统的精准控制和编程功能使得摄像机能够自动完成复杂的移动任务，大大提升了拍摄效率（图3-2-2）。

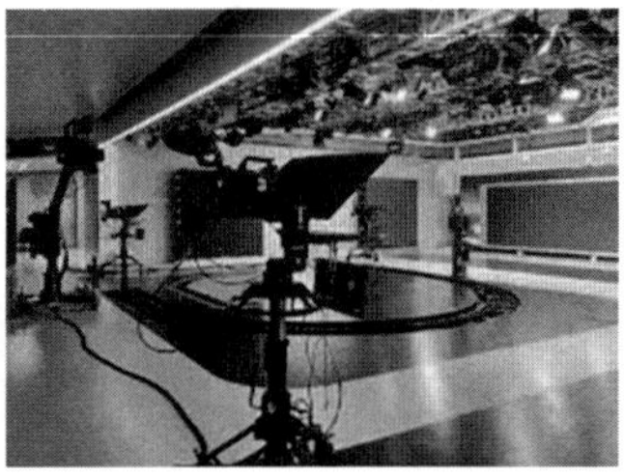

图3-2-2　演播厅中的智能轨道系统

2.户外实地报道拍摄

在户外新闻报道中，智能轨道系统可以沿着特定路径移动，跟随拍摄对象，如记者或采访对象，保证画面稳定和连续。例如，在体育赛事的报道中，智能轨道系统可以跟随运动员的动作，进行高速移动的镜头平移，捕捉到精准和动态的镜头。

[1] 现阶段一些轨道机器人系统，无论地面安装还是吊装、升降范围或长或短、轨道形状直线或复杂曲线，都能根据拍摄需求提供解决方案，可为任何需要轨道系统的应用带来理想的性能表现。由于摄像机的运动轨迹是被轨道永久且精确定义，由此可以增加一些人为很难达到的多元化拍摄角度。轨道摄像机系统多用于新闻、体育、时事类节目演播室、虚拟演播室以及各种会议等场景中。

这种设备特别适用于长时间连续拍摄，能够在不同的地形和环境中保持稳定的画面质量（图3-2-3）。

图3-2-3　智能轨道系统在田径项目中应用

（二）摇臂拍摄技术

摇臂拍摄技术[1]是使用一种安装在长臂上的摄像机，通过控制臂的角度和高度，摄像机可以实现大范围的移动和多角度拍摄。摇臂通常由操作员远程控制，可以在垂直和水平方向上自由移动摄像机，提供独特的视觉效果和丰富的视角。摇臂拍摄能够实现流畅的动态镜头拍摄，是提升新闻报道视觉冲击力的重要手段，有以下几种应用场景。

1. 大型活动和演出

摇臂拍摄技术广泛应用于大型活动和演出中，如音乐会、体育赛事和重大庆典。通过摇臂，摄像机可以在观众和表演者之间自由移动，提供广泛的视角和动态的镜头切换，增强观众的视觉体验。例如，在奥运会开幕式等大型活动中，摇臂拍摄技术能够捕捉到场地全景以及细节特写，使观众能够全方位感受现场氛围。

2. 电影和电视剧制作

在电影和电视剧的制作过程中，摇臂拍摄技术常用于拍摄复杂的场景和动作镜头。利用摇臂的灵活性，摄像师可以实现从地面到高空的平滑过渡，捕捉到独特的视觉效果和视角变化，增强画面的表现力和冲击力（图3-2-4）。

---

[1] AI机器人摇臂系统可按预设运动轨迹动作，对走动的主持人进行自动、实时追踪，还可以对空间中静止的物体，如播报台、屏幕以及虚拟画面物体进行定点跟踪，以完成节目需要的画面录制。

图3-2-4　摇臂技术在不同场景中的具体应用

三、AI在运动镜头稳定性与流畅性中的作用

随着AI技术的发展，运动镜头的稳定性和流畅性得到了显著提升。智能稳定技术和后期流畅性优化技术已经成为现代新闻摄像的重要工具。

（一）智能稳定拍摄技术

简而言之，智能稳定技术就是通过内置的复杂算法和精密的机械结构，自动补偿拍摄过程中的手抖或运动带来的画面晃动，从而实现平滑、稳定的视频录制效果，常见于稳定器及大型稳定器的维稳平台。现代摄像设备中，许多都配备了基于AI算法的智能稳定器。例如，DJI稳定器通过高精度传感器和先进的AI算法，能够迅速检测和补偿手持摄像过程中产生的震动和晃动，使得画面保持平稳。此外，智能稳定器还可以在极端环境下提供稳定的拍摄效果，如强风环境或运动中的场景，进一步提升了新闻摄像的拍摄质量。

（二）后期制作流畅性优化

电影后期制作的成本高、周期长，存在大量重复性工作，成为制约电影产业发展的瓶颈，迫切需要AI赋能。随着AI图像与声音识别技术的成熟，AI介入电影后期制作成为可能。电影后期制作主要包括剪辑、特效制作与配音等环节。AI技术可以在后期制作中对镜头运动进行优化，通过分析镜头运动轨迹，消除多余的抖动和不必要的运动，提高画面的整体流畅性。例如，后期软件中的防抖功能利用AI算法，可以自动识别和校正镜头中的抖动现象，使得最终的成片更加平滑和稳定。

这种技术尤其适用于动态新闻报道和体育赛事等运动镜头的拍摄中，通过消除镜头抖动，提高观众的观看体验。

第三节 情感氛围：光线色彩渲染新闻场景影像情绪

在现代新闻摄像中，光线和色调是构成画面视觉氛围效果的重要元素。光线不仅是照亮被摄对象的工具，更是塑造画面质感、表现氛围和传达情感的重要手段。不同的光线布置和强度可以创造出丰富的视觉效果，从而增强新闻报道的感染力和表现力。色调则通过色彩的饱和度、明度和对比度等方面向观众传递影像氛围，影响观众的情感和心理反应[1]。巧妙运用光线与色调，可以提高画面的吸引力和表现力，增强新闻内容的叙事效果，使观众在观看时获得更深刻的体验。

一、光线在新闻摄像中的类型划分和基础作用

光线在新闻摄像中起着至关重要的作用，它不仅能照亮拍摄对象，更重要的是通过光线的运用可以营造出特定的氛围和情感。根据不同的光源形式可以形成不同的光源类型，并以此进行划分，产生不同的价值意义，进一步明晰新闻摄像视觉叙事中光线对画面细节的把控和针对情绪渲染的调控能力。

（一）按照光线光源分类

光线光源根据室内外场景光线来源进行划分，大致可以分为自然光和人工光。

1. 自然光

自然光源来源于太阳、月亮、其他自然光源及其反射光。这种光线在户外新闻报道中常被利用，具有自然、真实的效果。通常用于外景拍摄，如新闻报道中的突发事件或现场采访。自然光通常不可控，容易受到天气和时间的影响。

2. 人工光

人工光源为照明工具，如灯光、LED灯、聚光灯等提供的光线。人工光线可控性强，可以根据需要调整亮度、色温和角度，广泛用于演播室和室内新闻拍摄等

[1] 刘荃，吴鑫. 影视艺术摄像[M]. 南京：南京师范大学出版社，2009.

场景中，通过调整灯光的位置和强度来突出拍摄对象，增强画面质感和层次感。

（二）根据光线的位置和光照方向分类

根据光线的位置和光照方向进行划分，大致可以分为顺光、侧顺光、侧光、侧逆光、逆光、顶光、底光等。

1. 顺光

顺光指光线从摄像机的方向直接照射到拍摄对象，使光线与摄像机的拍摄方向一致。这种光线布置方式通常会照亮被摄主体的正面，使其均匀地曝光，细节和颜色表现得更加清晰。由于光线来自与摄像机相同的方向，顺光通常会减少或消除主体表面的阴影，充分照亮被摄主体的正面，使得细节、纹理和颜色表现得更加清晰、准确，画面呈现出平整、明亮的效果，但对于主体立体感塑造和画面质感的打造效果欠佳。在室内的人物采访以及新闻发布会中，顺光是最常用到的光线类型之一，在室外的自然光条件下，户外新闻报道中常用到顺光，借助自然光源，如阳光，来照亮拍摄对象的正面，提供清晰和均匀的曝光。

2. 侧顺光

侧顺光介于顺光和侧光之间，是光线从拍摄对象的一侧前方斜射过来，通常与摄像机的拍摄角度成45°左右的角度。光线能够同时照亮主体的正面和一部分侧面，形成柔和的阴影，而不会显得过于强烈或生硬，并能增强画面的深度和立体感，丰富画面构图。侧顺光在新闻摄像领域主要应用于新闻演播室的室内拍摄，通常作为辅助光配合主光等其他主要光线运用，为新闻内容赋予自然、真实且富有情感的视觉表达。

3. 侧光

侧光是指光线从拍摄对象的侧面射入，使光线与摄像机的拍摄方向呈现较大的角度（通常为90°）。这一布光方式通常会照亮主体的一侧，而另一侧则处于阴影之中，突出主体的轮廓和形态，形成明显的明暗对比，容易营造出对比度强烈的“蝴蝶光”效果，使画面看起来更具层次感。在新闻采访或人物肖像拍摄中，侧光常用于突出人物的轮廓和面部细节，增加立体感，适合表达深沉、严肃或富有内涵的内容。在新闻内容的视觉表现中，侧光常作为主光的补光，起到光线亮度修饰的效果。侧光具有较强的艺术造型语言，多出现于电影中人物塑造的场景中。

4. 侧逆光

侧逆光与顺光和侧顺光不同，是指光线从摄像机与拍摄对象成一定角度的侧后方照射，使得光线从主体的背面和侧面斜射过来，这样会在主体的正面产生明显的阴影，同时在边缘处形成一定的光晕或轮廓光。而主体的正面由于光线不足而显得较暗。这种光线布置方法能突出主体的形状和轮廓，使其与背景明显分离，增加画面主体的层次感和立体感。同时，侧逆光也能帮助观众迅速聚焦于主体。侧逆光常用于夜间新闻的紧急现场报道，室外夜间灯光常作为背景，为被采访对象提供一定的光源，利于表现多层次景物和大气透视。演播室等室内采访的侧逆光常作为主光的造型光以起到辅助的作用。

5. 逆光

逆光是光线从拍摄对象的背后照射过来，摄像机位于光源的前方，其所营造的剪影视觉效果是摄影艺术中最常出现的造型手法。由于光线来自主体的背面，主体的正面会被光线遮挡产生阴影，而背后会有明亮的光源或光晕出现。这种布光方式通常用来增强主体的轮廓和形状，使其从背景中脱颖而出。逆光能够传递出一种神秘、戏剧性或情感强烈的氛围。由于主体的正面被阴影覆盖，画面中光影的强烈对比可以用来表现紧张、冲突或情感浓烈的场景。在故事性新闻内容的表达中，逆光是的修饰主体人物的常用方法手段。

6. 顶光

顶光指光源位于被摄对象的正上方，光线往往最强硬，直接从上方垂直照射，同时也是最戏剧化效果的光线之一。这种布光方式会在主体的上部产生强烈的亮光，而在下方（如眼睛下方、鼻子和下巴区域）产生明显的阴影。顶光的主要特征是其在主体下半部分（尤其是面部）产生的阴影。这些阴影会增强主体的形态感和轮廓感，也可能带来某种冷酷、严肃或神秘的视觉效果。顶光适用于拍摄严肃或紧张的突发新闻和灾难报道。在这些场景中，顶光能够强调场景的紧张感，传递出一种压迫或威胁的氛围。例如，在拍摄紧急新闻、犯罪现场或冲突场面时，顶光能够增强画面的冲击力和情绪张力。

7. 底光

底光也被称为脚光，指光源位于被摄对象的正下方，光线从下方向上照射，常出现于惊悚悬疑类影视作品中。这种光线布置方式与自然光照不同，会使面部上部区域（如眼窝、鼻孔等）形成明亮的光斑，而下巴和脸颊区域则可能产生反常的阴影，因而会产生较为独特的视觉效果。底光光效所形成的造型会打破常规的光线分布和照射规律，导致画面产生奇异的视觉效果。因此，底光不常用于新闻摄像场景的画面修饰中。

二、色调在新闻摄像中的反差形态与审美功用

色调在新闻摄像视觉表达中是影响画面情感表达和信息传递的重要因素。色调指的是画面整体色彩的倾向或氛围，它可以通过色彩的选择、搭配、对比等手段来调节，通过色调的合理运用来改变画面色彩的视觉倾向[1]，以影响观众的情感和心理反应，使得新闻画面能够更好地传递情绪、突出主题、增强视觉效果。色调包括色彩的饱和度、亮度和对比度等方面。

（一）色调的种类及相关作用

常见的色调包括冷色调（如蓝色、青色）、暖色调（如红色、黄色）、中性色调（如灰色、棕色）等。每种色调在不同的新闻内容中都能传递出不同的情感和信息。

1. 冷色调

冷色调在新闻摄像中是指以蓝色、绿色、青色等冷色为主的氛围基调和色彩配置，属于低色温范围，能够降低画面的色彩饱和度，使画面显得更加平静和冷峻，甚至有时产生带有距离感的视觉效果，在不同的新闻场景中传递特定的情感和信息。例如，在报道自然灾害（如洪水、地震）或社会冲突时，冷色调能够通过其沉重、冷峻的色彩氛围，突出事件的严肃性和紧张感。蓝色调可以表现寒冷的冬季灾害或海洋灾难，而绿色调则适合表现大规模的生态破坏。

2. 暖色调

暖色调指的是以红色、橙色、黄色等暖色为主导的画面色彩倾向，通常与高色温相关，和阳光、火焰、秋天等自然元素相对应。暖色调画面显得明亮、温馨、充满活力，能够传递出温暖、积极、欢快等情感氛围，广泛应用于各种新闻场景中，以增强观众的情感共鸣和视觉吸引力。在人文故事或温情新闻中，暖色调能够增强画面的情感温度，使观众更容易产生共鸣。例如，在报道社区公益活动、家庭团聚或儿童故事时，暖色调能够凸显温暖、关爱的情感。

3. 中性色调

中性色调在新闻摄像中呈现出灰色及一些柔和的棕色、米色等为主的色彩倾向。中性色调不偏暖、不偏冷，饱和度整体偏低，通常不会像暖色调或冷色调那样

---

[1] CHANG S, LEWIS D E, PEARSON J. The functional effects of color perception and color imagery[J]. Journal of vision, 2013, 13 (10): 227-232.

直接传递强烈的情感，而是呈现出一种平衡、内敛和中立的视觉效果。中性色调在新闻摄像中广泛应用于表现客观、专业的报道内容，实现主体和场景之间的平衡，弱化色彩的冲击力，突出内容的本质，使画面更具专业性和稳重感。在报道政治新闻或国际事件时，中性色调能够有效传递内容的严肃性和客观性。例如，在报道会议、外交活动或法庭场景时，灰色等浅色系的影像画面能够凸显场景的庄重和正式。

（三）与色调相联系的具体影响因素

色调在新闻摄像的影像处理中是一个多维度的概念，在场景的画面表现中不仅依赖于对色彩的选择，还受到诸如白平衡、画面明度、对比度、饱和度等多种具体因素的影响，这些因素共同影响着画面的最终视觉效果和情感表达。通过对色彩因素的综合考虑和精确调整，摄像师和制作团队可以创造出符合新闻报道需求的色彩色调，从而更有效地传递信息和表达情感，增强新闻内容的视觉和情感表现力。

1. 白平衡

白平衡是新闻摄像中控制影像色调的重要技术手段和指标。白平衡的主要作用是确保在不同光源条件下，画面中的白色物体呈现出自然的白色，从而保持画面色彩的真实性和一致性。色温是衡量光源颜色的标准，通常以开尔文（K）为单位。低色温光源如蜡烛光会产生暖色调，而高色温光源如日光和阴天光线则会产生冷色调。白平衡的作用就是校正色温，确保拍摄的白色物体在不同光照条件下呈现真实的白色。白平衡设置不当可能导致色彩偏移，使画面色调偏冷或偏暖，直接影响新闻报道的视觉信息表现和情感传达的效果。白平衡不仅是一个技术参数，它还可以作为冷暖调节标准用于营造特定的视觉氛围。例如，稍微调低白平衡以增强暖色调，适合表现温暖、温馨的场景；而调高白平衡以增强冷色调，适合表现冷峻、严肃的新闻内容。新闻摄像现场往往存在不同的光线条件，如室内人造光、户外自然光、夜晚街灯等。白平衡的调整可以帮助摄像机适应不同光源，避免画面色彩出现过于明显的偏移，从而保证新闻报道的色调统一性。

2. 明度

色彩明度是指色彩的明亮程度或亮度，反映色彩反射光线的强弱，高明度的颜色（如浅黄色、淡蓝色）显得明亮而轻快；低明度的颜色（如深红色、暗绿色）则显得暗沉而厚重。色彩明度在新闻摄像中对画面色调具有重要影响。通过调节色彩明度，摄像师可以控制画面的氛围和焦点，从而更好地传达新闻信息。色彩明度的变化可以塑造画面的视觉层次感。通过在同一画面中运用不同明度的色彩，摄像师能够突出主体，增强深度感，使画面更加立体。例如，使用高明度的前景色和低明度的背景色，可以有效地将观众的注意力集中在主体上。

3. 对比度

对比度是指画面中亮部与暗部之间的差异程度，它在新闻摄像中对画面色调的影响极为显著。高对比度的画面，亮部非常明亮而暗部非常暗，两者之间的差异非常明显；低对比度的画面，亮部和暗部之间的差异较小，画面整体显得更加柔和。通过调整对比度，摄像师可以塑造画面的视觉层次感、突出主体、增强情感表达，从而有效地传达新闻内容。高对比度通常会使色调更为强烈和鲜明，表现出戏剧性或冲突性的新闻内容，适合报道突发事件、冲突或重大新闻；低对比度则使色调更加柔和平淡、温柔细腻，适合报道人物故事、温馨事件或日常新闻。

4. 饱和度

色彩饱和度是指色彩的纯度或强度，决定了颜色的鲜艳程度。高饱和度的色彩显得强烈、浓重，常表现活泼、积极的场景；低饱和度的色彩显得柔和、黯淡，甚至趋于灰色，常表现严肃、深沉或怀旧的氛围。摄像师通过调整饱和度，可以控制画面的氛围，增强视觉冲击力，或者突出特定内容。不同类型的新闻事件适合不同的饱和度设置。例如，报道娱乐或体育新闻时，通常会采用较高的饱和度，以突出活力和紧张感；而在报道灾难、纪念活动或深度报道时，则可能使用较低的饱和度，以表现事件的沉重性或历史感。饱和度的调节是提升新闻画面质量和表现力的重要手段。适度的饱和度调整有助于确保画面的视觉冲击力和内容的准确传达[1]，使新闻报道更加生动、真实和富有感染力。

（四）新闻摄像中色彩色调的相关调整手段

在新闻摄像实践过程中，不仅需要在场景中对影像进行景别和构图等元素的画面把控，同时画面色彩的调配与校正同等重要[2]。节目制作前期在拍摄阶段通过设置摄像机的数值参数以及对现场灯光的调试把控等，将影像色彩调整恰当合理之后进行拍摄，将会极大地提升便利性，以减少节目后期制作中烦琐的工序和步骤。

❶ 田少煦，夏文英. 数字媒介环境下动画影像的色彩情感及色彩设计研究［J］. 现代传播（中国传媒大学学报），2023，45（3）：103-110.

❷ 顾欣. 摄像与影像创作［M］. 上海：上海人民美术出版社. 2009.

1. 摄像机设置

摄像机内置的色彩设置和滤镜可以直接影响画面的色调。摄像师可以通过调整白平衡、色温和色彩模式来实现预期的色调效果。

（1）自动白平衡（AWB）。自动白平衡是摄像机根据拍摄环境和光源自动调整白平衡的一种功能。摄像机会实时分析画面中的光源色温，并自动调整色彩，以使白色物体呈现为白色，保持画面色调的自然和稳定。自动白平衡适合于快速变化的新闻场景，如突发事件现场或多种光源混合的环境。它能迅速响应光线的变化，减少拍摄过程中的人为干预，确保新闻报道的即时性。但在某些复杂光源下（如混合光源或色彩鲜艳的环境），自动白平衡可能无法准确调整色调，导致画面色彩不准确。

（2）预设白平衡。预设白平衡是摄像机内置的几个常见光源条件下的白平衡设置，如日光、阴天、荧光灯、白炽灯等白平衡预设模式。摄像师可以根据现场光源条件，选择相应的白平衡预设，以快速调整色彩。预设白平衡操作简单，可以有效应对常见光源条件，保证色彩还原的准确性。预设白平衡适合于光源条件相对稳定的新闻场景，如室内采访、新闻发布会或演播室拍摄。在这些场景中，使用预设白平衡可以确保色彩再现的准确性和一致性。但摄像机中的预设白平衡数值固定，能够满足一大类不同环境和光线下的调整需求，应对不了相对复杂繁多的光线和场景变化。

（3）手动白平衡。手动白平衡是通过手动调整摄像机白平衡设置，以精确匹配当前光源的色温。在特定场景或特殊光线条件下，手动调整白平衡可以获得更精确的色彩表现。摄像师可以使用白板或灰板来设定基准白色，在拍摄前进行手动白平衡调整，确保在复杂光源条件下也能准确还原色彩。例如，在日出、日落时段的拍摄中，手动白平衡可以避免画面色调过度偏暖或偏冷。手动白平衡适合需要精确色彩再现的新闻场景，尤其是在光源复杂或需要特殊色调效果的情况下。

（4）色温值调整。色温调整是一种细微调节白平衡的手段，摄像师可以通过摄像机内的色温调节功能来微调画面色调，调节范围从低色温（3000K以下，呈现暖黄色调）到高色温（6000K以上，呈现冷蓝色调）。色温调整提供了极大的灵活性，使摄像师可以根据具体需求调整色调，以适应不同的光源和氛围。色温调整适合需要微调色调的新闻场景，如在不同灯光下保持一致的色调，或创造特定的视觉效果[1]。例如，在晚间新闻报道中，通过调低色温可以增加画面的温暖感，营造温馨

---

[1] 叶德. 浅析演播室混合光源的色温与光圈控制[J]. 电视技术，2015，39（10）：91-93，97.

的氛围；而在报道清晨或寒冷天气时，调高色温可以增强画面的冷色调，突出环境的清冷感。

2. 光线布置

在新闻摄像中，光线布置对于色彩色调至关重要。通过合理的光线布置，摄像师可以有效调整画面的色调，使新闻画面更加生动、真实，且符合报道的主题和氛围。不同光线的使用（如冷光或暖光），可以在拍摄时直接影响画面的色调。

（1）主光源（Key Light）的选择与方向。主光源是整个光线布置中最重要的光源，决定了主体的主要光照方向和色调。主光源的方向也会影响色调的表现。例如，侧光可以突出主体的立体感并增强画面的对比度，从而使色调更加鲜明。通过选择不同色温的主光源（如暖色或冷色），可以直接影响画面的整体色调。例如，使用暖色调的主光源（如3000K以下）为画面增添温暖感，适合报道轻松、温馨的新闻；而使用冷色调的主光源（如6000K以上）则可以营造冷静、严肃的氛围，适合报道严肃事件或灾难现场。

（2）辅光源（Fill Light）的强度与色温。辅光源用于减少主光源产生的阴影，可以调节画面的对比度和平衡色调。通过调节辅光源的强度，可以控制画面的明暗对比，从而影响色调的深浅。弱化辅光源可以增加画面的对比度，使色调更鲜明；增强辅光源则可以使色调更柔和。辅光源的色温也应与主光源相协调。如果主光源是暖色调，辅光源也应选择相似的色温，以确保整体色调的统一。否则，辅光源的色温差异可能导致色调不一致，影响画面的视觉效果。

（3）背景光（Back Light）与边缘光（Rim Light）。背景光和边缘光[1]用于突出主体轮廓，使画面更加立体。背景光可以调节背景区域的色调，例如，使用冷色调的背景光可以营造出深邃或清冷的氛围，而暖色调的背景光则适合营造温馨或舒适的氛围。边缘光则可以用来突出主体的轮廓，并增强与背景的对比，进一步强调色调的变化。

（4）补光器与反光板的使用。补光器与反光板主要用于控制局部光线，补充阴影或平衡光线，以达到理想的色调效果。通过使用不同色调的补光器（如暖光或冷

[1] 背景光与边缘光的配合使用并不常运用于新闻摄像中，在夜间的室外场景进行拍摄时，画面的背景光可能来自环境光源。

光）或调整反光板的位置，可以微调局部区域的色调。例如，在面部或特定物体区域使用暖色调补光器，可以增强画面的温暖感；使用冷色调反光板则可以增加画面的冷峻感。补光器与反光板更多应用于室内的新闻演播室稳定光源中，而现场的新闻报道充满随机性和即时性，且光源不稳定。

（5）环境光的控制。环境光是拍摄现场自然存在的光源，如太阳光、街灯等，它对整体色调有着广泛影响。在自然光充足的情况下，摄像师可以通过调整摄像机的曝光度、光圈大小以及使用滤光片等手段，控制环境光对色调的影响。例如，利用日光的暖色调进行室外采访，可以营造出一种自然温暖的色调；在清晨或傍晚，适当调整曝光度以平衡冷色调和暖色调，可以使画面色彩更加和谐。

（6）光线的柔化与扩散。通过使用柔光箱、滤光器或扩散材料，可以柔化光线，使光线更加均匀，减少阴影和硬度，从而影响色调的柔和程度。柔化光线有助于降低画面的对比度，使色调更加柔和、均匀。这种手段适用于需要突出人物肤色或表达温和情感的新闻场景。例如，在采访中使用柔光可以使人物的肤色更自然，同时减少硬光产生的高对比度阴影，使画面色调更为柔和、亲切。

（7）滤光片的使用。滤光片[1]通过过滤光源的特定波长，直接影响进入镜头的光线色调。不同类型的滤光片可以增加或减少特定色调的强度，甚至影响颜色。例如，暖色滤光片可以加强画面中的红色和黄色调，使整个画面看起来更加温暖；而冷色滤光片则可以增强蓝色和绿色调，营造出冷静、理智的氛围。此外，ND滤镜还可以控制过强的光线，防止画面过曝，使色调更加平衡。

光线布置在新闻摄像中对色彩色调的调整至关重要。通过主光源、辅光源、背景光、补光器和滤光片等手段，摄像师可以精确控制画面色调，使之符合新闻内容的需求和情感氛围。合理的光线布置不仅能增强画面的视觉吸引力，还能提升报道的情感表达力，使新闻内容更具感染力和说服力。

经典案例

在现代新闻报道中，光线和色调的创新使用成为提升新闻视觉效果的重要手

[1] 滤光镜（Filter）是一种光学器件，它通常应用于摄影、天文学、物理实验以及光电探测等领域。根据其功能和特性，滤光镜可以分为颜色滤光镜、中性密度滤光镜（ND滤镜）、偏振滤光镜、红外滤光镜等。

段。例如，《新闻联播》[1]在室内采访中经常使用柔和的光线，以增强人物的轮廓感和立体感。这种光线的使用不仅让被采访者看起来更加自然，还能营造出一种亲切、可信赖的氛围（图3-3-1）。

图3-3-1　新闻报道演播室中对光线色调的综合运用

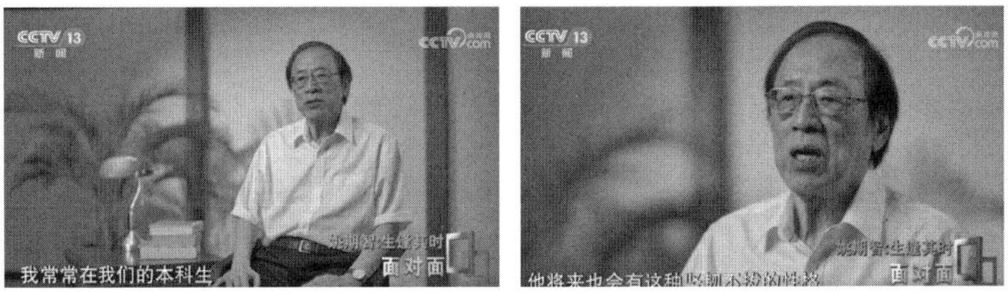

图3-3-2　人物专访中对光线色调的综合运用

在中国的电视新闻节目中，这种光线和色调的创新使用也非常普遍。例如，中央广播电视总台新闻频道的《面对面》[2]栏目在进行室内采访时，通常会使用柔和的光线来照亮被采访者，增强其面部轮廓感，使得整个画面看起来更加自然和亲切。同时，背景色调通常选用暖色系，以营造出温馨、轻松的氛围，增强观众对节目的信任感和亲近感（图3-3-2）。

---

[1]《新闻联播》是中央广播电视总台综合频道（CCTV-1）播出的晚间新闻节目被称为“中国政坛的风向标”。节目由康辉、李梓萌、刚强、潘涛、宝晓峰、严於信、郑丽、王音棋担任主播（至2025年）。节目以政治、经济、科技、社会、军事、外交、文化、体育、农业、交通等方面新闻为主。节目每日19：00在中央广播电视总台综合频道（CCTV-1）、中央广播电视总台新闻频道（CCTV-13）和中央广播电视总台国防军事频道（CCTV-7）、中央广播电视总台环球资讯广播并机直播，各省级卫视频道和部分地方台进行转播，每期为30分钟，特殊情况下节目时间将延长。

[2]《面对面》是中央广播电视总台新闻频道的一档长篇人物专访节目。栏目秉持新闻性、权威性、关注度、影响力的诉求，面对面的交流，心与心的碰撞，用对话记录历史，以人物解读新闻。节目于每周日21：30在中央广播总电视台新闻频道播出。

纪录片制作中，光线设计同样重要。《国家地理》❶纪录片常用自然光来突出拍摄对象的真实感，同时通过人工光来增强细节和氛围。在中国的纪录片制作中，类似的技术也被广泛应用。例如，在《航拍中国》❷纪录片中，摄制组利用自然光拍摄了大量壮丽的自然景观，通过光线的变化展示了中国各地的独特风貌和美丽景色。同时，使用人工光来突出拍摄对象的细节，使得画面更加丰富和有层次感（图3-3-3）。

图3-3-3　电视新闻纪录片中对光线色调的综合运用

三、新技术在新闻领域的创新应用

在现代新闻摄像中，技术的不断进步为视觉表现力带来新的可能性。其中，高动态范围（HDR）、电影艺术与科学学院色彩编码系统（ACES）和杜比视界（Dolby Vision）等新技术，通过增强细节表现、提升视觉体验和改善光线与色调控制，为新闻摄像提供了更加丰富的工具和方法。这些技术不仅提升了画面的质量和观众的观看体验，还在不同场景中展现出独特的优势，推动了新闻报道的创新与发展。

（一）HDR技术

1.HDR技术的相关概念

HDR（High Dynamic Range，高动态范围）是一种能够捕捉和显示更多亮度和色彩细节的影像技术。它通过扩展图像的亮度范围和色彩深度，使画面在高光和

❶《国家地理》节目于1997年9月首先在欧洲成立，而后陆续在亚洲、拉丁美洲和美国开播。凭借无与伦比的视觉品质和引人入胜的故事情节，该节目荣获了多项专业纪录片制作大奖，制作水准自然毋庸置疑。《国家地理》节目的内容主要涵盖：最新科学与尖端科技、历史与人文、焦点事件调查、自然野生、主题系列特别呈现等。

❷《航拍中国》由中央广播电视总台推出，央视纪录国际传媒有限公司承制的航拍纪录片，以空中视角俯瞰中国，共计34集。该片包括《航拍中国第一季》《航拍中国第二季》《航拍中国第三季》《航拍中国第四季》。

阴影区域都能保留更多的细节，从而呈现出更加逼真和生动的视觉效果。HDR即指高动态光照渲染，是一种提高影像亮度和对比度的处理技术，与普通图像相比，HDR可以提供更多的动态范围和图像细节，利用每个曝光时间相对应最佳细节的LDR图像来合成最终HDR图像，能够更好地反映出真实环境中的视觉效果。

2.HDR在新闻摄像中的实践优势

HDR技术在新闻摄像中的应用越来越广泛，其中相关技术优势尤为明显。其一，在拍摄高对比度场景时，通过HDR技术能够使画面更加真实和生动，有效保留了画面中的阴影和高光区域的细节，从而提升画面的整体清晰度和信息传达效果。其二，HDR对新闻摄像中的色彩再现尤为重要，可以更真实地还原现场色彩，使新闻画面更具视觉冲击力。其三，在低光环境下，传统摄像技术容易出现噪点增多、细节丢失等问题，而HDR能够在保留画面亮部细节的同时，提升暗部区域的细节表现，能够在夜间新闻报道或光线不足的场景中显著提升画面质量。其四，HDR可以有效处理不同光源下的曝光问题，使得画面色彩和光线更为均衡。其五，通过更真实的色彩表现和细节还原，HDR技术可以提供更接近人眼感知的画面效果，增强观众的沉浸感和参与感。其六，HDR视频在高清显示设备上具有更好的视觉表现，这有助于新闻内容在各种媒体平台上的传播和观看效果，尤其是在4K电视、手机、平板等设备上，HDR视频的优势更加明显。

（二）ACES技术

1.ACES技术的概念与应用

ACES（Academy Color Encoding System，电影艺术与科学学院色彩编码系统）是一种色彩管理和交换系统，专为解决在不同设备和平台上进行色彩一致性问题而设计的技术。它能保证从拍摄到后期制作再到放映的整个流程中色彩的准确性和一致性。ACES是由美国电影艺术与科学学院（AMPAS）和行业合作伙伴开发的一种开放式色彩管理和互换系统。ACES标准化了所有类型项目中使用的色彩科学，旨在为行业提供标准化的色彩管理系统，该系统涵盖生产、后期制作、演示和存档。

2. ACES的技术实践优势

（1）色彩一致性。ACES能保证在不同设备和平台上色彩的准确性，从而提升新闻画面的质量。

（2）高动态范围支持。ACES系统支持HDR，能够捕捉和处理更多的亮度和色彩细节。

（3）应用广泛。ACES被广泛应用于电影和电视制作中，能够提供专业级的色彩管理解决方案。

（三）Dolby Vision（杜比视界）

1.杜比视界的概念与应用

Dolby Vision（杜比视界）是一种先进的HDR技术，能够提供更高的亮度、对比度和色彩深度。它不仅提升了视觉体验，还能够提供动态元数据，使每一帧图像都能达到最佳的视觉效果。Dolby Vision是美国杜比实验室推出的影像画质技术，通过提升亮度、扩展动态范围来提升影像效果。它可以提升视频信号保真度，从而使让图像无论从亮度、色彩还是对比度角度看都非常逼真。

2.杜比视界的优势

（1）动态元数据。杜比视界利用动态元数据来调整每一帧的亮度和色彩，从而提供更精准的画面呈现。

（2）更高的亮度和对比度。杜比视界能够提供更高的亮度和对比度，使画面更加鲜明和生动。

（3）色彩深度。杜比视界支持更高的色彩深度，能够呈现更多的色彩细节和层次（图3-3-4）。

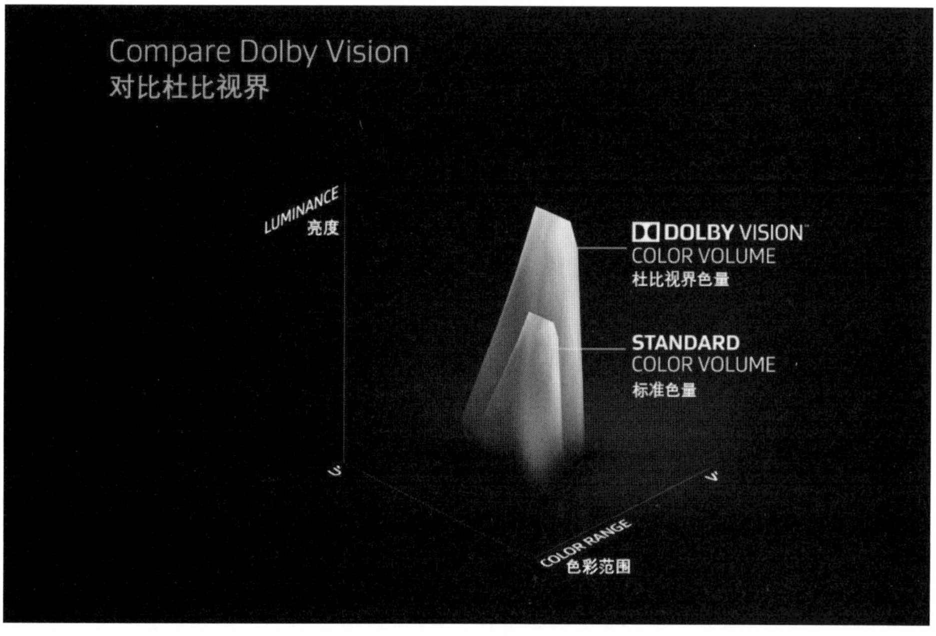

图3-3-4　杜比视界色量对比图

四、新技术在光线调整与色调校正中的应用

AI在光线调整与色调校正中的应用色彩校正是新闻视频制作中不可或缺的一部分，通过色彩校正工具，如DaVinci Resolve[1]，可以对视频中的色彩进行精细调整，以达到预期的视觉效果。色彩校正不仅是为了纠正拍摄中的色偏问题，更是为了增强画面的美学效果，使其更加符合主题和情感表达。

（一）Blackmagic Design的创新技术

Blackmagic Design[2]是DaVinci Resolve开发公司推出的一系列基于AI的创新工具，为影视制作带来了技术飞跃。DaVinci Resolve 19中内置的神经引擎（Neural Engine）能够智能分析画面参数，自动平衡色温、优化光照效果，并修正色彩偏差，确保色彩的准确性和一致性。此外，DaVinci Resolve 19的AI追踪技术能够实时跟踪画面中的移动对象，自动调整光线效果，使得画面始终保持最佳亮度和清晰度。例如，在新闻报道中，AI可以跟踪记者的移动，并智能调整光线，确保画面的亮度和清晰度，不仅提高了编辑效率，还保证了画面的色彩和光线的准确性。Blackmagic Design的产品被广泛应用于新闻报道、电影制作和广告拍摄中，为创作者提供了强大的技术支持和创作自由。

（二）HDR与ACES的结合应用

HDR（高动态范围）技术通过扩展影像亮度层次，精准还原高对比度场景细节；ACES（电影艺术与科学学院色彩编码系统）则通过标准化色彩管理流程，确保跨设备色彩呈现一致性。二者结合应用既能忠实地记录复杂光线下的明暗关系，又能消除终端显示时的色彩偏差，在保留真实视觉冲击力的同时，有效规避肤色异常、高光溢出等问题，适合于需要快速分发到多平台的新闻视听内容。例如，在新闻直播中，HDR精准捕捉画面中大范围的亮度信息，涵盖高亮度与低亮度区域，确保内容细节无遗漏；ACES则负责依据不同终端特性，自动完成对画面色彩的统一显示的色调一致。

---

[1] 达·芬奇（DaVinci Resolve）视频调色软件。2022年10月20日，由Blackmagic Design发布。

[2] 作为一家致力于质量和稳定性的提高，并时刻关注用户需求的公司，Blackmagic Design向业界推出了多款口碑极佳的产品。凭借无与伦比的编解码器而闻名于世的Blackmagic Design公司，使基于Blackmagic硬、软件的高质量工作站的价格更加平民化。

第四节 节奏转换：场面调度建构新闻现场编摄协同

在影视艺术的拍摄实践中，都会涉及摄影机机位和拍摄对象如何安排的场面调度问题。转至新闻摄像的实战场景，场面调度则体现为对拍摄活动的有序组织，但这种组织并非简单地等同于记者或导演对画面的刻意摆设。因为新闻报道要追求真实性、准确性、客观性与可看性，我们需在新闻采编团队中积极倡导现场即时抓拍的理念，以此确保报道内容的鲜活与真实[1]。同时，场面调度在此扮演的角色，应当是强化报道内部逻辑与结构的严谨性，通过合理的镜头切换、视角选择及场景衔接，使新闻报道不仅内容真实可信，更在形式上呈现出流畅而有力的叙述魅力，从而有效提升观众的观看体验与信息的有效传达。随着当今技术的高速发展，除了传统银幕中的电视新闻，影像视频的观看方式由横转竖，新闻摄像不再受限于现场环境、摄影器材以及拍摄时空等要素，在后期制作中会借助数字技术，诸如数字合成技术、数字无缝衔接技术和虚拟摄像机等技术手段，完成更具可看性的场面调度。

一、场面调度的概念延伸

场面调度来源于舞台剧，在舞台剧中，有“人在舞台上的位置”之意，指演员的行动路线、站位、姿态手势、上场下场等表演活动所进行的艺术处理[2]。场面调度还包括由演员的定位和移动以及镜头中的对象形成的构图组成。

电影场面调度的核心是演员调度，即通过演员的动作、站位、姿态等来展现角色性格、情感和剧情发展[3]，但它又是通过镜头调度来体现的，摄影师通过机位的选择、角度的变化、景别的切换以及镜头的运动，目的是以画面中的人物表演表现一场戏的内容和主题。电视场面调度包括人物调度和镜头调度（如机位、角度、景别等）两个方面，是一个对画框内的画面形象和视觉效果进行安排和统筹调度的系统工程[4]。电视场面调度中的镜头调度是重点和关键。以镜头调度为基础，结合特

---

[1] 梁君健．当代中国新闻摄影观念的形成：以“抓拍”为个案[J]．新闻记者，2017，(4)：76-85.

[2] PATRICE PAVIS. Languages of the stage: essays in the semiology of theatre [M]. New York: Performing Arts Journal Publications, 1982.

[3] 赵万斌．场面调度的扩展和延伸[J]．电影文学，2007(17)：77-78.

[4] 袁奕荣．电视摄像与高清摄像技术[M]．上海：上海大学出版社．2009.

定范围内的人物调度，构成了电视的场面调度。

二、电视场面调度的具体内容及特点

电视场面调度指的是对拍摄现场中的人物和镜头的总体设计和安排，而画面构图是在已确定后的场面调度基础上产生的，是对调度停当后的被摄对象的视觉表现形式。

（一）电视场面调度与舞台调度的异同

电视场面调度能够克服舞台调度视点固定、视距不变的局限，可以引导观众从不同距离、不同角度和不同视野去观看画面中的形象和内容。舞台场面调度仅限于舞台空间，而电视场面调度则是面向广阔的现实生活。与舞台调度相比，电视场面调度丰富了人物调度的内容，增加了镜头调度。与舞台调度的观赏时的选择性相比，电视场面调度具有很大程度上的强制性。

（二）电视场面调度的主要作用

电视场面调度能够丰富画面语言和造型形式，增强电视画面的概括力和艺术表现力；渲染环境气氛，通过场面调度创造特定的情境和艺术效果；场面调度可以通过一系列不同角度、不同景别的画面，作为蒙太奇镜头表现被摄人物活动的情景和局部细节，并经由这些画面的组接形成人物活动及事件过程的完整印象；有助于对节目节奏的把握，有助于形成画面的节奏变化；场面调度有助于刻画人物性格，揭示人物的内心活动；通过运动摄像的场面调度方法，有助于形成长镜头纪实性拍摄；在现代的大型运动会、综艺晚会及演播室节目等的转播制作过程中，统筹有序的场面调度是极其重要的工作环节之一。

经典案例

中央广播电视总台新闻频道《面对面》节目曾对神舟十七号乘组进行专访。从太空返回地面两个月后，神舟十七号航天员汤洪波、唐胜杰、江新林三名航天员乘组亮相接受了主持人的采访，揭秘了很多首次出舱维修任务的细节。在采访指令长汤洪波时，通过穿插他在神舟十七号工作时的画面，丰富了人物调度的内容。采访时通过角度的变化、景别的切换，有助于刻画其人物性格，揭示人物的内心情感，更完整地刻画了他“天宫”第一人的形象（图3-4-1）。

图3-4-1 《面对面》中人物的相关镜头调查

（三）场面调度的特征

场面调度，作为新闻报道及电视制作中的重要概念，具有一系列独特的特性。场面调度具有视觉艺术的综合体现、空间与时间的灵活运用、镜头调度的多样性、人物调度的复杂性、强制性与观赏性以及艺术感染力与表现力等特性。这些特性共同构成了场面调度在戏剧、电影及电视制作中的重要地位和作用。

1.视觉艺术的综合体现

视觉主题与讲故事的场面调度通过分镜、电影摄影和舞台设计的视觉艺术手法，将导演的艺术构思转化为具体的画面。多元素协调涉及演员、场景、道具、服装、照明等多个元素的协调与安排，通过编排使这些元素在画面中达到和谐统一。

2.空间与时间的灵活运用

与舞台调度相比，场面调度不受“三面墙”的限制，能够面向广阔的现实空间进行调度，从而创造出更加丰富的视觉效果。在电视和新闻报道的制作中，场面调度可以自由地跨越时间和空间，通过镜头的切换和剪辑，将不同时间、地点的场景有机地组合在一起。

3.镜头调度的多样性

镜头运动是场面调度凭借摄像机镜头的运动变化，如推、拉、摇、移、升降等，调动观众从不同角度观察画面形象和内容的视觉感受。电视新闻报道具有丰富的镜头调动样式，如特写、近景、中景、全景等，能够带给观众多样的视觉体验。

4.人物调度的复杂性

场面调度人物行动路线中的包括对采访人行动路线、位置的转换与移动的安排，通过记者的外部造型形式与景物的配置和组合，形成具有艺术感染力的画面。

人物调度包括横向调度、纵向调度、斜向调度等多种方式，能够呈现出复杂多变的人物关系和情感变化。

5. 强制性与观赏性

与舞台调度的观赏性相比，电视场面调度具有很大程度上的强制性。观众在观看电视新闻报道时，其视线和注意力往往被镜头和画面所引导，难以自主选择观看角度和内容。尽管具有强制性，但场面调度的精心设计和安排仍然能够带给观众强烈的观赏体验，同时具有观赏性，使观众沉浸在故事情节和画面氛围之中。

6. 艺术感染力与表现力

场面调度能够渲染环境气氛，营造特殊意境，使观众更加深入地理解故事情节和人物情感。场面调度还能够刻画人物性格，通过人物调度和镜头调度的结合，揭示内心活动，使人物形象更加鲜明立体。

三、电视场面调度的镜头匹配原则和规律

在场面调度的相关理论和实践中，有一个非常重要的概念，以帮助厘清电视场面调度的镜头匹配原则和基础性规律，这就是轴线。

（一）轴线原理及越轴拍摄

在新闻摄像及制作中，镜头语言是决定影像叙事效果的关键因素之一。其中，轴线原理及越轴拍摄作为镜头调度的重要组成部分，对画面连贯性、空间感和观众的视觉理解起着至关重要的作用。轴线原理是摄像师在拍摄过程中遵循的一项基本规则，其目的是维持画面空间关系的一致性，防止观众产生空间混淆。越轴拍摄作为一种打破传统视觉惯例的手法，也被广泛应用于不同类型的新闻报道和影视作品中。

1. 轴线的概念

所谓轴线，是指被摄对象的视线方向、运动方向和不同对象之间的关系所形成的一条虚拟的直线[1]。如图3-4-2所示为轴线的概念示意图。

2. 轴线的应用原则与规律

在实际拍摄时，为了保证被摄对象在电视画面空间中的正确位置和方向的统一，摄像机要在轴线一侧180°之内的区域设置机位、安排角度、调度景别，这就是“轴线规则”（图3-4-3、图3-4-4）。

---

❶ 赵成德. 数字电视摄像技术[M]. 上海：复旦大学出版社，2007.

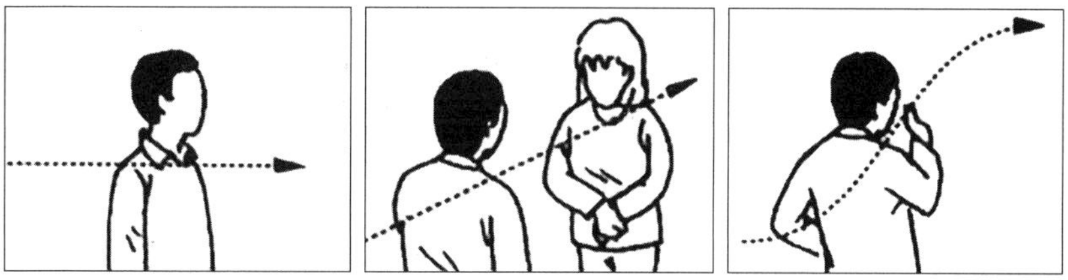

图3-4-2　轴线的概念示意图

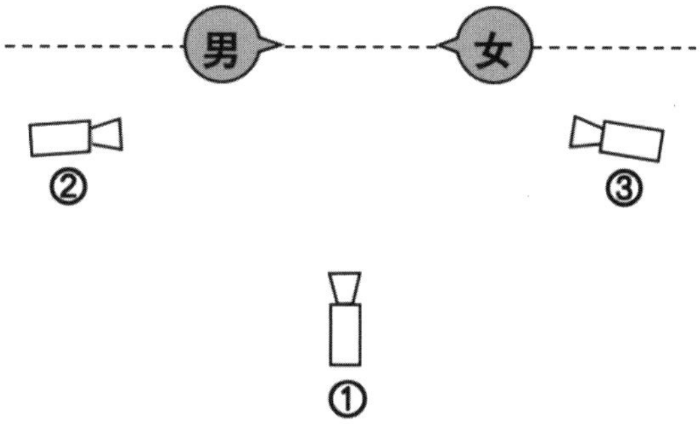

图3-4-3　轴线规则示意图

图3-4-4　轴线实例图

拍摄过程中机位始终保持在轴线的同一侧，那么不论摄像机的高低、俯仰如何变化，镜头的运动如何复杂，不管拍摄多少镜头，从画面来看，被摄主体的位置关系及运动方向等总是一致的（图3-4-5）。

以一个保持连续运动并具有一定运动方向的物体为例，当我们遵照轴线规则变化拍摄角度时，在两两相连的镜头中将产生以下三种方向关系：第一种关系是用摄像机的平行角度或共同视轴角度，画面中的运动对象的方向将完全相同（图3-4-6）；第二种关系是在轴线一侧设置两个互为反拍的机位，画面中运动对象方向一致，但其正背、远近不同（图3-4-7）。第三种关系是当镜头光轴与被摄对象的运动方向合一时，在画面中无左右方向的变化，只有动体沿镜头光轴的远近的变化和正背变化。这种镜头无明显的方向感，所以又被称为中性方向镜头[1]（图3-4-8）。

---

[1] 中性方向镜头，常用于轴线之间的过渡镜头，也称为“骑轴”镜头。

图3-4-5　被摄主体和运动方向保持一致

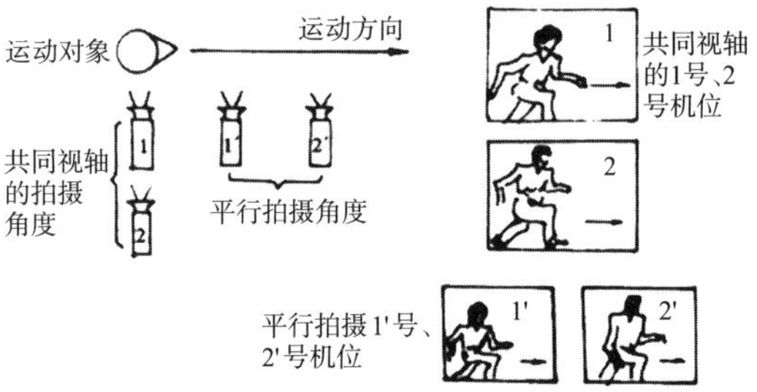

图3-4-6　平行拍摄角度的方向一致性

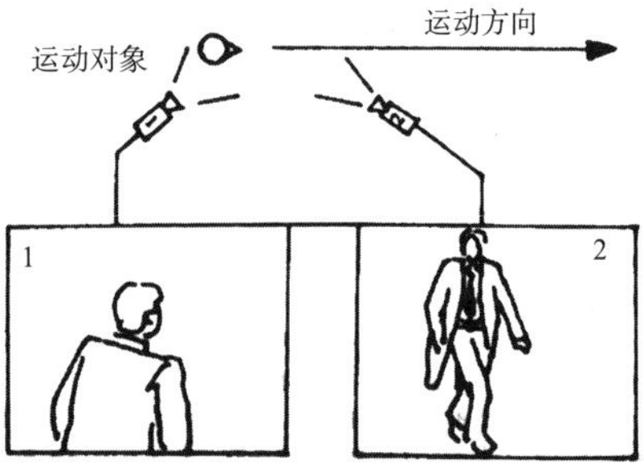

图3-4-7　方向一致的反拍机位设置

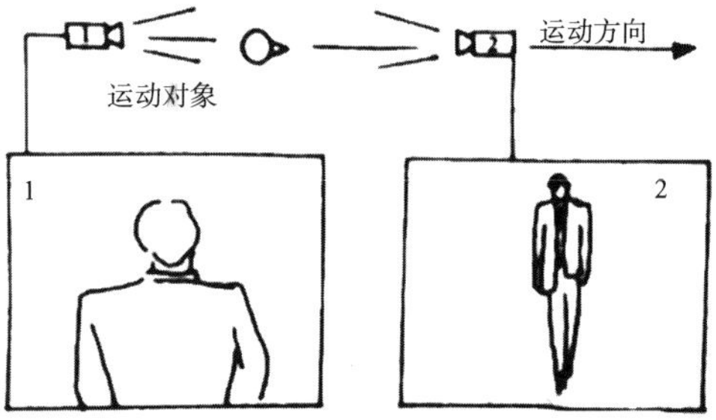

图3-4-8　运动方向一致的骑轴镜头

3.镜头越轴及其处理办法

越轴指的是在拍摄过程中，摄像机越过原先的轴线一侧，到轴线的另一侧区域去进行拍摄[1]。这种跨越会破坏观众对场景中空间关系和人物位置的连贯性感知，导致视觉上的混乱和混淆（图3-4-9）。

在新闻摄像的现场环境中，由于被摄对象多处于运动之中，经常导致摄像机与被摄对象之间的相对位置发生变化，进而发生越轴现象[2]。这种拍摄方式会使得画

---

[1] 赵成德. 数字电视摄像技术［M］. 上海：复旦大学出版社，2007.

[2] 需要注意的是，轴线原则并不是一成不变的，在追求某些特殊效果或完成特殊艺术效果时，会刻意越轴，在丰富视觉表现的同时，调整叙事视点和空间关系，强调叙事与情绪，转换主体并强化动作。但在新闻摄影中，除战地报道或紧急现场跟拍的特殊场景下，一般不会刻意地进行越轴拍摄。

面中被摄对象之间的相对位置或运动方向与前一个镜头相比发生显著变化，违背了观众习惯的视觉逻辑顺序，造成视觉上的不连贯和混淆（图3-4-10）。在新闻的拍摄实践中，越轴现象频繁出现的一个主要原因是摄像师为了捕捉事件的完整进程，常常采用分镜头拍摄的方式。随着事件的发展，被摄对象或摄像师自身的不断移动，很容易跨越既定的轴线界限，进而产生了越轴画面。这类画面若未经妥善处理，直接剪辑到一起，会破坏观众对新闻事件空间关系和连续性的理解，影响观看体验。

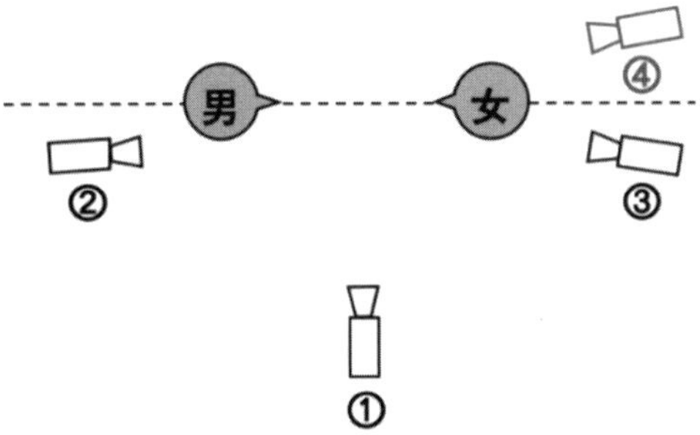

图3-4-9 镜头越轴的概念

图3-4-10 镜头越轴拍摄示意图

轴线制约了多视角、多机位的设置，因为不能打破“轴线规则”。在实际拍摄过程中主要有以下五种常用办法可以克服越轴的制约。

（1）利用被摄对象的运动变化改变原有轴线。通过主体的运动态势的改变，以确立新的人物位置关系，从而建立新的关系线，以此改变原有轴线，形成新轴线。进而越轴。在拍摄过程中，不改变镜头位置，通过被摄对象自身的运动变化，重塑观众原有的空间感知轴线，引导着观众的视线流动（图3-4-11）。

（2）利用摄像机的运动来越过原先的轴线。在拍摄过程中，摄像师可以巧妙运用镜头运动技巧，如摇镜头、移镜头等，来引导观众的视线，使越轴过程更加平滑

图3-4-11 被摄对象运动变化“越轴”

自然。如图3-4-12所示，通过镜头的逐渐移动和转向，观众可以随之适应画面中的空间变化，减少越轴带来的视觉冲击。通过2号摄像机的运动，使得不能直接衔接的2号、1号两个镜头，通过“2-3-1”的衔接显得流畅合理。

（3）利用中性镜头间隔轴线两边的镜头。在越轴前后插入中性镜头，如特写镜头、空镜头或全景镜头，这些镜头不直接展示被摄对象的相对位置关系，而是作为过渡，帮助观众在视觉上“重新定位”。中性镜头能够暂时打断原有的视觉逻辑，为接下来的越轴镜头提供缓冲，帮助观众重新定位和理解空间关系，使画面转换更加自然流畅（图3-4-13）。

图3-4-12　摄像机运动“越轴”

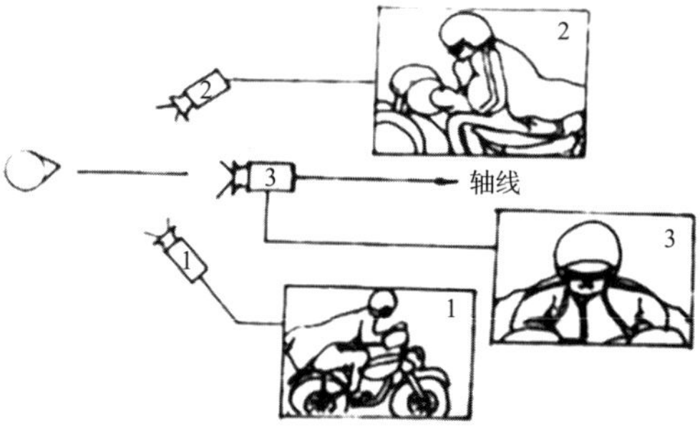

图3-4-13　中性镜头越轴

（4）利用插入镜头改变方向越过轴线。在拍摄现场，可以插入环境元素如飞鸟、标志、树木等，来避免摄像机直接跨越轴线。插入镜头能够帮助我们实现越轴拍摄，主要是在视觉上产生了缓冲作用，准备和积累了一小段时间，让观众对插入镜头之后的越轴画面有了适应和“喘息”的机会（图3-4-14）。

图3-4-14　插入镜头越轴

（5）利用双轴线越轴。利用双轴线，越过一个轴线，由另一个轴线去完成画面空间的统一。在某些特定的场景中，如果既存在关系轴线，又存在运动轴线，在小景别构图时，我们通常选择关系轴线；但在大景别构图时，要考虑以运动轴线为主（图3-4-15）。

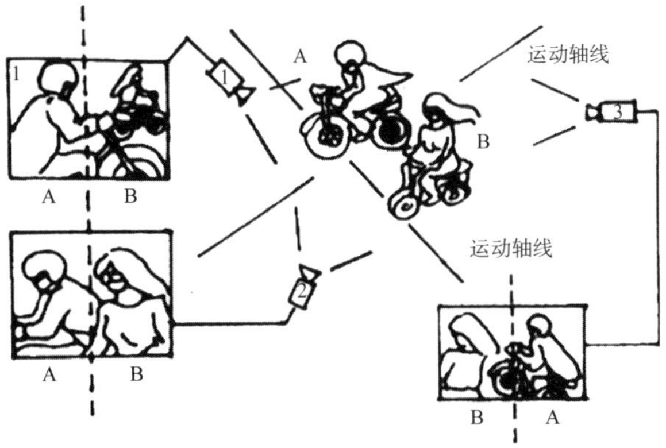

图3-4-15　双轴线“越轴”

经典案例

《新闻调查》[1]节目之《湟鱼和她的青海湖》展示了这样的故事：三十多年来，祁洪芳一直致力于拯救濒危湟鱼，负责青海湖裸鲤人工繁育、增殖放流、资源救护、渔业生态环境监测等工作，使得青海湖再现半河清水半河鱼。在拍摄裸鲤救助中心的同事们筛选合格湟鱼的工作过程时，利用了摄像机的运动来改变原有轴线。拍摄时，摄像师运用移镜头，来引导观众的视线，使越轴过程更加平滑、自然。通过镜头的逐渐移动和转向，既展现了现场工作的全貌，又减少越轴带来的视觉冲击（图3-4-16）。

图3-4-16 《湟鱼和她的青海湖》越轴拍摄

[1]《新闻调查》是中央广播电视总台一档深度新闻调查节目，时长45分钟，每周一期，在观众中有着广泛的影响。该栏目注重研究真问题，探索新表达，以记者调查采访的形式，探寻事实真相，追求理性，平衡而深入，为促进和推动社会和谐进步发挥点滴的作用。栏目于1996年5月17日在原中央广播电视总台第一套节目（CCTV-1）首播，自2010年7月17日起改在中央广播电视总台新闻频道每周六21：30首播。

（二）镜头场面调度中的三角形原理

在新闻摄像领域，镜头场面调度是一项至关重要的技能，它不仅影响画面的视觉美感，更直接关系到信息的有效传达和观众的情感体验。作为镜头调度中的核心构图原则之一，三角形原理提供了一种通过构建视觉稳定性和空间关系来优化画面叙事的方法[1]。三角形原理通过将摄像机与被摄主体及背景元素布局成一个三角形的结构，使画面在视觉上更具稳定性，同时有效地引导观众的注意力，从而增强新闻报道的叙事效果。无论是在采访、对话场景，还是在事件现场的多人物关系交代中，三角形构图都能通过明确的视觉引导和空间关系表达，提升报道的专业性和观看体验。

1. 三角形原理的基本概念和应用

在关系线的一侧可以选择三个顶端位置，这三个顶端构成了一个底边与关系线相平行的三角形。摄像机的机位可以设置在这个三角形的三个顶端位置上，形成一个相互联系的三角形机位布局，这就是镜头调度的三角形原理，又称为三角形布局（图3-4-17）。围绕两个被摄人物和一条关系轴线，能够形成两个三角形布局。当我们进行镜头调度和画面组接时，同样必须遵守轴线规则，不能从一个三角形机位切换到另一个三角形布局。否则，就会产生越轴的问题和人物位置方向上的混乱。

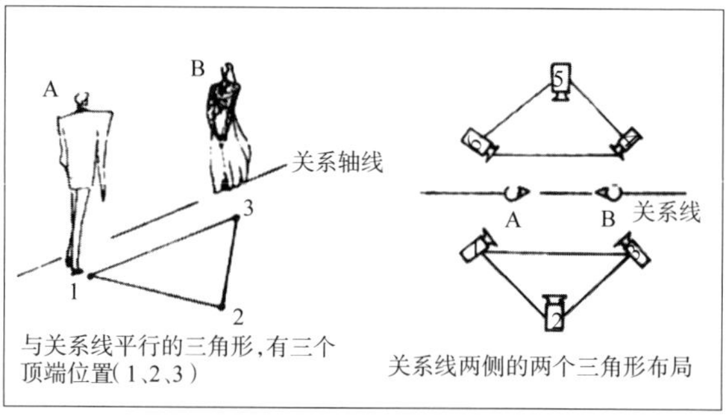

图3-4-17　三角形原理示意图

三角形布局最突出的优点就是在所拍摄的画面中，两个被摄人物各自处于画面固定的一侧，便于观众对方向性的统一认识。在关系线的一侧，三角形底边两个顶端位置上，摄像机可以在各自的光轴上转动，得到三个不同的拍摄角度，产生三角形原理的三种基本变化。例如，在深度访谈时，主持人与被采访者"面对面"交谈。处理面对面的二人谈话场面，最简单的方法是用一组外反拍角度。将一个内反拍与外反拍镜头结合使用，突出被采访者的地位（图3-4-18）。

---

[1] 阿里洪. 电影语言的语法（插图修订版）[M]. 陈国铎，黎锡，等译. 北京：北京联合出版公司，2013.

经典案例

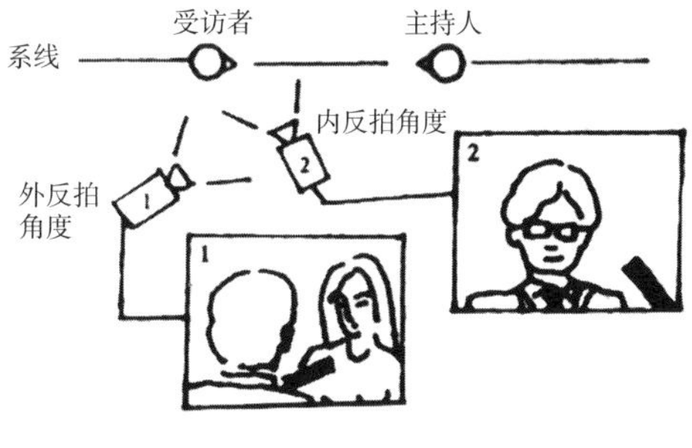

图3-4-18 新闻采访中三角形原理应用

1.《面对面》节目中《焦大银：我不是英雄》一期讲述了：2024年6月13日傍晚，四川成都一车辆坠河，最先下水救人的是一位退伍军人焦大银，他与王益辉水中砸窗救人。后来他与其他群众救援受困司机的事迹开始被广泛传播。记者在对焦大银进行深度访谈时，就运用了三角形原理，将一个内反拍与外反拍镜头结合使用，体现出主持人与被采访者“面对面”地交谈，突出被采访者的地位（图3-4-19）。

图3-4-19 《面对面》中三角形机位效果

2.《新闻报道》节目[1]中《油纸伞遭哄抢，谁的过？》一期以2018年石家庄首届风情油纸伞狂欢节为新闻事件进行了现场报道，在新闻叙事上思路较为清晰，简明扼要地介绍了此次活动与商家活动处理的不当而发生的问题。同时，记者在访谈现场游客时，运用了三角形原理，更好地体现出记者与被采访者现场交谈的场景，使得新闻内容更加真实可信（图3-4-20）。

---

[1]《新闻报道》（曾名为《上海新闻》）是上海广播电视台新闻综合频道的时政新闻栏目，于1958年10月1日开播。节目于每天18：30在上海广播电视台新闻综合频道首播。

图3-4-20 《新闻报道》中三角形机位效果

2. 三角形拍摄原理的基础布局

三角形原理的拍摄布局分为：外反拍三角形布局、内反拍三角形布局和平行三角形布局[1]。

（1）外反拍三角形布局。外反拍三角形布局是位于三角形底边上的两台摄像机分别处于两个被摄人物的背后，靠近关系线，向里把两人拍入画面。外反拍三角形机位布局有以下优点：其一，底边上的两个机位所拍得的画面中，两个人物可以互为前景和后景，构图具有明显的透视效果。由于两人同时存在，可以表现人物之间的关系。其二，两个被摄人物一个面向摄像机，另一个则背向摄像机，面向观众的人物就能得到充分的突出和注意。如果背向观众的被摄人物稍微拍虚一些，将能更为有力地突出面向观众的人物。拍摄过肩镜头时，背向观众的人在画面中所展现出的脸部侧影，一般应以不露出鼻尖为宜。

（2）内反拍三角形布局。内反拍三角形布局是三角形底边上的两台摄像机处在两个被摄人物之间，靠近关系线向外拍摄。内反拍角度用于分别表现两个人物，一般景别较小，便于细致地刻画人物神态。当三角形的底边与关系线重合，底边上的两台摄像机背对背地设置时，所拍摄的画面表现了画面以外的那个人物的视点，这也是通常所说的主观拍摄角度。

（3）平行三角形布局。平行三角形布局位于三角形底边上的两台摄像机的视轴相互平行，常用于并列表现同等地位的不同对象，如两个人的对话，并肩跑步等，带有客观的同等评价、等量齐观的含义。大三角形机位布局是在一个大三角形内，包含有七个摄像机视点，除内反拍和平行位置外，所有的机位均可成对组合，用以拍摄两个人物。

在电视访谈节目中，主持人与被采访者一般“面对面”地交谈。处理面对面的

[1] 阿里洪．电影语言的语法（插图修订版）[M]．陈国铎，黎锡，等译．北京：北京联合出版公司，2013.

二人谈话场面，最简单的方法是用一组外反拍角度。将一个内反拍与外反拍镜头结合使用，突出被采访者的地位。首先，关系线无论是倾斜还是垂直，摄像机布局的三角形同样适用。当关系线倾斜时，可改变三角形底边上两台摄像机的高度；当关系线垂直时，可以用平行三角形机位布局来处理镜头调度。其次，被摄人物是两人以上，关系会复杂一些，但只要准确地找到关系线，同样能够运用三角形机位布局原理加以表现。如果是三人直线形布局，可运用外反拍三角形机位去拍摄，以反映出三人的谈话场景；如果是三人“L”字形布局，可以外反拍三角形布局安排机位，通过1、2、3号画面表现出三人的对话场面，也可用内反拍表现近景或特写镜头。最后，三人以上更为复杂的对话场面，只要熟练掌握了镜头调度的三角形机位布局的基本技巧，就能够以不变应万变。

四、新技术在新闻现场调度中的实践应用

科学技术的迅猛发展，为新闻摄像领域带来了深刻的变革。新技术的引入，尤其是在新闻现场调度中的应用，不仅改变了传统的新闻制作流程，也对新闻报道的速度、精确度和视觉表现力产生了深远影响[1]。现代新闻不断借助移动直播设备、虚拟现实（VR）技术、人工智能（AI）等先进工具，优化新闻现场的镜头调度和场景布置，虚拟摄影棚自动化的镜头切换和图像识别技术，减少了人为失误，提高了新闻报道的准确性和效率，从而提升新闻报道的即时性和观众的沉浸感。为现代新闻和未来发展带来深刻的影响。

（一）AR技术丰富体验与观感沉浸

AR（增强现实）技术是指将计算机生成的信息（如图片、文本、视频）叠加在现实世界中，提供增强的视觉体验。与虚拟现实（VR）不同，AR不需要完全沉浸在虚拟环境中，而是增强了现实环境的感知。这使得AR技术在新闻报道中具有独特的优势，可以实时提供背景信息、数据分析和三维图像，在新闻报道中的应用日益广泛，为观众提供了更为沉浸的体验，并显著提高了新闻节目的吸引力。这种

[1] WEI XD，WU YL. Construction of game-based teaching environment for animation scene scheduling based on virtual reality[J]. Communications in computer and information science，2019（1043）：412-424.

技术特别适用于体育赛事和重大活动的报道。

2024年龙年春节晚会首次引入了XR❶（扩展现实）和VP❷（虚拟制作）技术。这些技术通过动态分镜预演和虚实光影联动，使舞台上的表演更加生动逼真，为观众带来了全新的沉浸式视听享受（图3-4-21）。这一实例展示了AR技术在大型活动中的巨大潜力和实际应用效果。AR技术不仅提升了新闻报道的质量和信息量，还显著增强了观众的参与感和观看体验。随着AR硬件和软件的不断进步，未来的新闻报道将变得更加生动、互动和富有信息量。

图3-4-21　AR技术在龙年春节晚会上的应用

（二）虚拟摄影棚优化摄编调度流程

LED虚拟摄影棚利用高分辨率LED屏幕和实时渲染技术，将演员与虚拟背景结合，实现高度灵活和高效的拍摄环境。通过在现场创建逼真的虚拟场景，摄像师和导演可以直接看到最终效果，从而优化拍摄流程。LED虚拟摄影棚作为现代影视制作的重要工具，其独特性和优势在行业内逐渐得到广泛认可。在LED虚拟摄影棚中，导演和摄影师能够实时调整拍摄效果，无需后期烦琐的剪辑和调色。通过预设的灯光和色彩方案，LED屏幕能够呈现出逼真的场景效果，使得演员更好地融入角色，呈现出更加自然的表演。同时，LED虚拟摄影棚还具备高度灵活性和可扩展性，能够根据拍摄需求进行快速调整，满足不同类型和风格的影视制作

❶ 扩展现实（Extended Reality，XR），是指通过计算机将真实与虚拟相结合，打造一个可人机交互的虚拟环境，这也是AR、VR、MR等多种技术的统称。通过将三者的视觉交互技术相融合，为体验者带来虚拟世界与现实世界之间无缝转换的“沉浸感”。

❷ 虚拟制片（VP）是一种电影制作技术，它将真人拍摄与计算机生成的图像（CGI）和实时视觉效果相结合。虚拟制片是一个广义术语，指各种利用计算机辅助制作和电影可视化制作的数字化工作流程及方法。在实时渲染技术的推动下，其应用包括前期虚拟预演、虚拟角色实时动作捕捉、绿幕虚拟制作和LED虚拟制作。

需求。

1. 优点与应用

（1）提高拍摄灵活性和效率。LED虚拟摄影棚允许摄像师在拍摄现场实时调整场景和光线，避免了后期大量的特效处理工作，通过实时预览和调整，摄像师和导演能够快速响应和修正现场的拍摄需求。

（2）虚拟环境的预可视化。虚拟摄影棚支持预可视化，允许制作团队在拍摄前模拟不同的拍摄角度和灯光效果，减少实际拍摄的试错成本，提高制作效率。预可视化技术不仅减少了时间和成本，还增强了创意实现的可能性。它真实呈现了虚拟空间，导演或演员可以在其中自由地创作，且保障了拍摄的安全性，极大地拓展了创作空间。

2. 对传统拍摄方式的创新

（1）减少实际外景拍摄需求。传统拍摄需要大量的外景拍摄，而虚拟摄影棚可以在室内完成这些工作，减少了外景拍摄的时间和成本。以往剧组外景拍摄有大量的差旅、协调等成本，而虚拟拍摄大大降低了成本的限制，提升了拍摄效率。

（2）提升拍摄安全性。LED虚拟摄影棚避免了在危险环境中的拍摄，使拍摄过程更加安全。在LED虚拟摄影棚中拍摄，演员和摄制组不需要在恶劣或危险的环境中工作，保障了人身安全。

（3）提高视觉效果。实时渲染技术保证了每一帧画面的高质量，从而减少了后期特效的工作量，提高了整体制作效率和效果。利用实时渲染和高分辨率LED屏幕，虚拟摄影棚能够实现高度逼真的视觉效果，使观众获得更为震撼的视觉体验。

LED虚拟摄影棚在影视制作中提供了前所未有的便捷和创新，彻底改变了传统拍摄的方式和习惯。虚拟摄影棚不仅优化了生产流程，还为影视制作带来了更高的创作自由度和艺术表现力，例如，美剧《曼达洛人》[1]第一季超过50%的剧情和场景都是应用这种新方式拍摄的，完全无需实地取景拍摄。代替实景的，是一个高6.1米、270°视角的半环形沉浸式巨型LED视频墙与天屏，拥有直径约22.9米的表演空间。在屏幕上，实体布景和数字布景延伸相结合，《曼达洛人》的演员们就在其中表演（图3-4-22）。

---

[1]《曼达洛人》（*The Mandalorian*）由乔恩·费儒编剧并制片，瑞克·法穆易瓦、戴夫·菲洛尼等导演，佩德罗·帕斯卡等主演的《星球大战》首部真人剧集。该剧故事的时间线设置在帝国陨落后和第一秩序出现前，围绕在远离新共和国掌控的银河系边远星带的一位独行枪手展开。

图2-4-22 《曼达洛人》虚拟摄影棚拍摄效果图

第五节　声像同位：同期声与解说再塑新闻声音活力

新闻解说词与同期声是新闻两种不可或缺的语言形态，各自承担着传递信息、增强报道感染力和真实性的重要功能。新闻画面虽然蕴含的信息量大，但是画面镜头转瞬即逝，很多细节无法展现清楚，而解说词和同期声、字幕都是作为文字对新闻画面起到补充、解释和说明的作用，可以发挥凸显关键信息、放大隐蔽信息、加深受众理解的功效[1]。当没有相关新闻画面或者画面无法完全表达传播者意图的时候，解说词就发挥着相应的叙述和评价作用。新闻解说词在建构新闻事实的时候，往往通过选择不同的词语、句式，明显或者含蓄地反映叙述者和媒介的态度、观念和立场。而同期声是新闻现场声音的一种表现手法，对提高新闻节目的真实性、权威性和生动性起到不可替代的作用。同期声与解说词（画外音）配合得好，可以有效地提升新闻传播的质量；反之，则达不到传播的效果。因此，使解说词与同期声衔接的自然、顺畅和符合逻辑性，是新闻工作者的必修课。

一、新闻解说词的概念与重要性

（一）新闻解说词的概念

解说词是指从客观叙述者的角度，直接用人声语言来交代、说明或评论新闻事

❶ KIERONC. The Personal cineama: subjective cinema and the essay film[J]. Sight and sound, 2019, 20（3）: 93.

件或话题的一种画外音表达方式[1]。它是新闻报道中常用的一种手段，承担着构建新闻框架、阐述背景信息、引导观众情感的重要职能。在新闻播报过程中，与新闻画面镜头紧密配合，通过精准的语言文字，对画面所呈现的信息进行补充、解释、说明及深化的文字表述。它不仅是视觉信息的延伸，更是情感传递、意义阐释的桥梁，旨在增强新闻报道的完整性、深度与观众的理解度。在一段具体的新闻报道中，新闻画面以其直观性迅速抓住观众的注意力，展示了事件发生的现场、人物状态及环境氛围等丰富信息。然而，由于画面的瞬时性和视角的局限性，许多细节、背景故事或深层含义难以直接展现。此时，新闻解说词便发挥了至关重要的作用。它如同一位无形的向导，引领观众穿越画面的表象，深入事件的核心，揭示那些隐藏在画面背后的故事与意义。

例如，在报道一场自然灾害的现场时，画面可能捕捉到洪水肆虐、房屋倒塌的震撼场景，但受灾群众的心理状态、救援工作的难度与挑战等细节则难以直观展现。这时，解说词通过细腻的描述、情感的抒发和数据的支撑，不仅补充了这些重要信息，还引导观众从多个维度理解灾害的严重性，感受人性的光辉与救援的力量。

同时，当新闻画面因各种原因（如拍摄条件限制、隐私保护等）无法完整呈现时，解说词则承担起叙述和评价的功能，通过文字的力量构建新闻事件的逻辑链条，展现事件的全貌，甚至对事件进行必要的背景分析、观点阐述，帮助观众形成全面而深刻的认知。值得注意的是，新闻解说词在遣词造句上的选择，往往蕴含了叙述者和媒介的立场、态度与观念。通过不同的词汇、句式和语气，解说词能够微妙地传达出对新闻事件的评价与倾向，影响观众的认知与情感反应，从而在构建新闻事实的同时，也参与着社会舆论的塑造和引导。

（二）新闻解说词的重要性

解说词在新闻中起到至关重要的作用。

1. 串联画面内容，补充画面信息

解说词作为对画面内容的文字解释和说明，能够补充画面难以直接传达的信息，如新闻事件的背景、意义、影响等。串联起各个画面片段，使新闻内容更加连贯和完整。它有助于观众更好地理解新闻事件的来龙去脉，更加全面地了解新闻事

[1] 王学孟. 电视新闻解说词的主要特点[J]. 青年记者，2012（7Z）：122.

件的深层含义。

2. 塑造事件形象，传达记者态度和观点

解说词通过精心选择的词语和表达方式，将事件描述得生动形象，使观众能够更好地理解和感受。解说词不仅是描述事实，还通过选择特定的词语来传递记者的态度和观点。

3. 提升新闻传播效果

解说词的语言风格严谨、准确、生动，能够提升新闻的传播效果。它通过精练的文字和恰当的语调，引导观众关注新闻的重点和亮点，增强新闻的吸引力和感染力。解说词还能够通过用一些鲜明的词语来描述事件，引导观众对事件进行思考和评价。

经典案例

《焦点访谈》节目[1]中《安置点　安心年》一期，记者前往地震受灾严重的甘肃省临夏回族自治州积石山县宋家沟村，记录春节期间，村里重建工作的安排和进展。解说词如下："记者刚刚来到宋家沟村板房安置区，就看到有村民站在一个临时建筑前聊天。这是一个可以供10个人同时洗澡的淋浴方舱，还没有完全竣工。村民王秀英每天都要来看看进展情况，对淋浴方舱充满了期待。这段时间，洗澡对于宋家沟村的村民来说还是一件不容易的事儿。"通过解说词对画面内容的补充和说明，交代了洗澡对村民的重要性，有助于观众更好地理解新闻事件的来龙去脉，生活化的解说词，也增强了报道的真实感和亲和力（图3–5–1）。

学生作品案例

《守护》（2018，李尧小组），以社区内垃圾分类为新闻主题，采访了城市美容师吴亚会介绍其进行社区垃圾分类指导的相关工作。解说词如下："垃圾分类是一项长期复杂的大工程，偶尔做一天两天不难，难的是长年累月，天天坚持。在石

---

[1]《焦点访谈》是中央广播电视总台于1994年4月1日推出的深度新闻报道栏目。节目通过调查、追踪和隐性采访报道揭露社会生活多个方面的违法犯罪行为，实现电视新闻节目舆论监督功能。节目于每天19：40在中央广播电视总台综合频道（CCTV-1）和中央广播电视总台新闻频道（CCTV-13）并机播出，特殊情况下会延长或停播一期，甚至在中央广播电视总台综合频道单独播出。

图3-5-1 《焦点访谈》节目中解说词声画表达

家庄，像吴亚会一样的垃圾分类指导员还有很多，他们始终默默耕耘着，风雨无阻，共同守护着我们天蓝、水清、地绿、景美的家园。”解说词通过精心选择的词语和饱含情感的表达方式，引导观众的情感认同，增强新闻的吸引力和感染力（图3-5-2）。

图3-5-2 学生新闻作品《守护》解说词声画表达

二、新闻解说词的形态分类

解说在新闻摄像中发挥着关键作用，通过解说，新闻报道不仅能传达画面无法表达的详细信息和背景知识，还能为观众提供评论和分析，增强报道的深度和权威性。解说的目的是帮助观众更好地理解新闻事件的背景、意义和影响分类。根据解说词在新闻报道中的位置和解说人的角色，新闻解说词可以划分为以下四种类型：画外解说、画内解说、专家解说以及主持人解说。每种类型都有其独特的功能和应用场景。

（一）画外解说

画外解说是一种常见的解说形式，是指解说词由不出现在画面中的解说员或旁白进行说明，解说词在画面之外进行，通常由记者或主持人通过录音设备录制，然后在后期制作中与画面同步。画外解说能够详细解释画面内容，补充画面信息、提供背景知识或引导观众理解新闻内容，以增强报道的专业性，适用于需要对画面进行说明或补充信息的新闻报道，如突发新闻、新闻特写、纪录片等。解说员通过画外声音，帮助观众更好地理解画面中的内容和事件背景。

（二）画内解说

画内解说是指出现在画面中的解说词，由出现在镜头前的记者或采访对象直接进行说明。这种解说形式可以通过画面中的人物直接向观众传达信息，增加临场感，使观众更直接地感受到新闻事件的真实。画内解说通常用于现场报道、新闻直播或采访场景，解说人直接出现在画面中，与观众进行面对面的交流，增加新闻报道的真实性和现场感。

（三）专家解说

专家解说是邀请相关领域的专家或学者对新闻事件进行解说和分析。这种解说形式能够提供专业的见解和深度的分析，提高报道的权威性和可信度，多见于需要深入分析或专业知识的新闻报道，如经济政策分析、科技新闻、医疗健康等领域。专家通过解说，可以帮助观众理解复杂问题的核心内容和影响。

（四）主持人解说

主持人解说是最常见的新闻主题节目的解说形式，指的是主持人在节目中对新闻事件进行实时解说和点评，通常用于串联新闻内容、过渡段落或进行简短的分析评论。主持人解说既可以是画外解说，也可以是画内解说。这种形式通常用于直播新闻或专题报道中，使观众能够及时获得新闻事件的发展动态和主持人的观点，广泛应用于各种新闻节目中。主持人通过简洁的解说词，帮助观众快速理解新闻的核心内容，或引出接下来的新闻片段。

新闻解说词的类型多样，各种解说形式各有其独特的功能和应用场景。在新闻制作过程中，合理选择解说类型，能够有效增强新闻报道的深度、权威性和观众参与感，使新闻内容更加丰富和易于理解。这种多元化的解说形式为新闻内容的传达提供了灵活而有力的工具。

三、新闻同期声的概念与重要性

（一）新闻同期声的概念

同期声是指在拍摄新闻画面的同时，直接录制下来的现场声音，包括现场采访同期声、现场效果同期声和新闻现场的各种音响。这些声音元素是新闻中不可或缺的“活”元素，是构成新闻的重要段落，也是新闻传达信息、表述事实、提炼观点的主要部分[1]。它能够把事件现场的音响及人物的讲话直接传递给观众，这种“第一手资料”不仅增强了新闻的可信度，减少了由记者、编辑和主持人转述的环节及报道的不确定性，还允许观众从当事人的视角直接感受事件的温度与情感，拉近了新闻与受众之间的距离。同期声的选择与运用，考验着记者的新闻敏感度和采访技巧，是提升新闻生动性与吸引力的关键。

具体来说，新闻同期声包括两个方面：一是现场采访同期声，包括记者的现场报道、记者提问以及被采访者的语言，这种同期声能够直接展现新闻现场的氛围和细节，使观众仿佛置身于新闻事件之中；二是现场效果同期声，如环境音响、现场音响等，这些声音能够增强新闻的真实感和现场感，使观众更加直观地感受到新闻事件的环境和氛围。

同期声在新闻的现场报道与采访中被广泛应用。记者在现场进行新闻报道时，可以直接将现场的声音（如爆炸声、嘈杂的人声、自然环境声等）与画面同步播出，这种即时性和现场感能够极大地增强观众对新闻事件的代入感。例如，在突发事件的报道中，记者站在事件现场，通过同期声向观众传递现场的紧张氛围和紧急情况，使观众仿佛身临其境。记者在采访过程中，被采访者的回答和表述往往具有独特的观点和情感色彩，这些因素通过同期声直接传达给观众，能够增强新闻的真实性和权威性。例如，在政治、经济、社会等各个领域的新闻报道中，通过采访相关专家和当事人，他们的同期声能够为观众提供第一手的信息和解读。

（二）新闻同期声的重要性

1.增强新闻报道的真实性和现场感

同期声能够真实反映新闻事件现场的氛围和细节，会将“声音”显示在一定时

---

[1] 万书亮，李实逗．同期声在融媒体时代新闻传播中的作用［J］．电视研究，2019（6）：81–82.

空范围内，使观众产生身临其境的感觉。

2. 丰富信息，增强新闻内容感染力

同期声包含了人物采访、环境音响等多种声音元素，观众可以更加全面地了解新闻事件的全貌和细节。被采访对象的直接发言可以传达其观点、情感和态度，为观众提供第一手资料，增加新闻的深度和广度。生动的同期声能够激发观众的情感共鸣，增强新闻的感染力。

3. 突破画面局限

新闻采编工作中，同期声能够突破画面影像的局限，加强新闻立体感，保证二维图像音质的立体感。同期声中加入音响可以扩大信息的总容量，延伸画面内容，达到“听声见景”的效果。这种效果有助于观众更加全面地了解新闻事件的背景和细节。

经典案例

《新闻调查》节目中《我与“一带一路”》一期，展示了随着共建“一带一路”倡议不断走深走实，中国菌草技术也逐渐走向世界。中国对卢旺达提供技术方面的培训，帮助他们解决贫困问题。（同期声）采访塞内加尔卢加区阿科市村主任。在新闻现场采访中，通过当事人的声音解读新闻事件，表达自身情感，进一步解读新闻现场。以此种方式，可以将话筒交给当事人，减少了由记者、编辑和主持人转述的环节，让观众听到新闻当事人的声音，降低了信息传递过程中的失真风险，有助于拉近受众和新闻节目的距离，从而增强了新闻的真实性和可信度（图3-5-3）。

学生作品案例

《师大新闻》（2023，李尧小组，），记录了新闻传播学院心理协会举办的“5·20

图3-5-3 《新闻调查》中同期声的声画表达

应急玫瑰”活动。在记录准备工作与分发工作时，保留了现场整理花束、校园广播和操场的环境声等，以此种方式使受众感受到现场气氛，凸显出新闻画面的立体感，增强新闻的临场感和新闻内容的真实性（图3-5-4）。

图3-5-4 《师大新闻》中的同期声具象化表达

四、新闻同期声的类型分类

新闻同期声是新闻报道中直接录制现场声音的部分，它能够增强新闻的真实性和临场感，使观众更直接地感受事件的氛围。根据来源和功能的不同，新闻同期声可以划分为环境音、人物对话和现场声音几种类型。

（一）环境音

环境音也被称为现场声音，指新闻报道现场中直接录制的自然环境声音或事件发生时的背景声音，如自然界的风声、雨声，生活中的车流声、街头噪声、人群声音等。环境同期声常用于展示事件发生的真实环境和氛围。在现场报道、突发新闻或纪录片中，现场声音能够增强观众的代入感，使他们更好地感受新闻事件发生的现场氛围。

（二）人物对话

人物对话[1]指新闻中直接录制的采访对象、目击者或新闻事件中相关人物的讲话声，包括采访对象和记者之间的对话。这类声音能够直接传达信息和观点，是新闻报道的重要组成部分。在采访报道中，人物对话提供了第一手资料和直接的观点，使新闻报道更具真实性和说服力。

[1] 人物对话的同期声是环境音的细分种类，一般属于环境音的概念范畴。

（三）效果音

效果音[1]也被称为音效或事件声音，指新闻报道中与特定事件直接相关的声音，如爆炸声、枪声、机器运转声等。效果音由现场收音设备直接录取，也可以由声音设计师在后期制作中添加音效，用于增强特定画面或情节的效果。例如，爆炸声、脚步声等，能够加强新闻画面的表现力和情感冲击力。这类同期声直接体现事件的发生过程和场景，常用于突发新闻报道、灾难报道或纪实性报道中，事件声音能够直接呈现新闻事件的冲突性和紧迫感。

新闻同期声的多样化类型为新闻报道提供了丰富的声音元素，通过巧妙地选择和使用，不同类型的同期声可以增强新闻的真实性、权威性和情感感染力。根据新闻内容的需求，合理使用同期声，能够有效提升新闻报道的质量和观众的收视体验，使新闻报道更具吸引力和说服力。

五、新闻内容中同期声与解说词的相异归纳

新闻内容中同期声与解说词的相异归纳见表3-5-1所示。

表3-5-1　新闻内容中同期声与解说词的相异归纳

	同期声	解说词
定义与功能	拍摄新闻画面的同时直接录制下来的现场声音，增强新闻的真实性和现场感	对电视画面内容的文字解释和说明，串联新闻画面、补充信息、阐述背景等
表现形式	多样，包括现场环境声、人物采访声等	以口头语言的形式出现，语言风格严谨、准确、生动
对观众的影响	使观众产生身临其境的感觉，增强新闻的吸引力和感染力	帮助观众更好地理解新闻内容，提高新闻的传播效果

[1] 在影视艺术中，效果音大多采用后期“拟音”的方式方法，在新闻摄像的现场，效果音同属于环境音的具体范畴。

六、新闻解说词与同期声的衔接问题与原则

在数字媒体时代，随着信息爆炸和观众注意力碎片化加剧，受众的注意力越来越分散，新闻节目如何有效吸引并维持观众的注意力成为一个重要课题。解说词与同期声的巧妙衔接与创新运用，不仅能够丰富新闻内容的表现形式，还能增强报道的感染力、真实性和权威性，从而提升新闻的整体质量。

新闻解说词与同期声的衔接在新闻制作中起着至关重要的作用，但实际操作中可能会出现一些问题。这些问题主要包括内容衔接不畅、逻辑关系不清和声音系统不协调三个方面。

（一）内容衔接问题

1. 理论性归纳与纪实性描述的差异

采访过程中，尤其是政治类或经济建设类题材的采访中，采访对象（如党政部门的领导干部）往往对事物发展情况进行理论性归纳，而记者的解说词则多采用纪实手法。采访对象与记者在表述方式上存在差异，记者未能充分理解并融入采访对象的理论归纳，导致解说词与同期声内容衔接不自然。

2. 采访对象的心理感受与记者描述不符

在民生题材或其他涉及个人问题的新闻中，记者的解说词可能过于主观或片面，未能准确反映采访对象的真实心理感受。记者与采访对象的生活环境、文化程度不同，对问题的看法存在差异；还可能未能充分理解和感受采访对象的心理状态。

（二）逻辑关系问题

1. 缺乏明确的逻辑主线

记者在撰写解说词时未能充分厘清新闻事件的逻辑关系，使得解说词与同期声在内容上缺乏明确的逻辑主线，导致观众在观看时难以把握新闻的核心信息和整体脉络。

2. 信息重复或矛盾

记者在撰写解说词时未能充分考虑同期声的内容，解说词与同期声在内容上存在重复或矛盾之处，导致观众产生困惑和误解。

（三）声音系统问题

1. 音量不匹配或音质不佳

解说词与同期声在音量上存在明显差异，导致观众在观看时感到不适。

2. 采访现场的录音设备存在问题或录音环境不佳

这种情况导致录制的同期声音质受损，存在噪声、回声或杂音等问题，影响观众的观看体验。

七、新闻解说词与同期声的衔接策略

在同期声与后期解说的配合过程中，两者应当追求和谐统一。同期声提供了情感的真实性，而后期解说则是理性分析的阐述。两者互为补充，共同构建起完整的新闻报道。只有当这两种声音的逻辑相互呼应、内容相辅相成时，才能够真正实现整体上的逻辑和谐，为观众提供完善的、多层次的听觉情感表达信息系统。以下是关于新闻解说词与同期声衔接的几点策略。

（一）明确新闻主题与目的，做好采访前的策划

在进行新闻采访和制作前，首先要明确新闻的主题和目的，根据这些确定同期声和解说词的总体方向和重点。围绕新闻主题，设计详细的采访提纲，包括同期声的提问内容和预期的回答方向，以及解说词的撰写要点。在采访中，记者应把控采访对象的表述节奏，通过适当的提示和引导，确保同期声内容连贯、有重点。

（二）根据实际情况灵活调整与现场应变

采访前的策划往往与实地采访有出入，记者需要根据实际情况灵活调整采访计划，重新确立主题和设计同期声内容。如果采访对象的内容偏离了主题或表述不清晰，记者应及时补充了解情况或进行引导，确保同期声内容符合新闻要求。

（三）协调声画关系，避免重复

解说词应与画面相互呼应，通过声画对位的方式增强新闻内容的表达效果。在描述新闻事件或背景时，解说词应与相应的画面同步呈现。解说词和同期声在内容上应避免重复，以免浪费观众的时间和注意力。同时，两者也不应与画面“竞争”，而是要相互补充、相互映衬。通过解说词的引导和提示，引导观众将注意力集中在画面上，增强新闻节目的观看性和吸引力。

（四）注重留白与节奏控制

在同期声与解说词之间适当留白，给予观众一定的思考和回味空间。留白的长度应根据新闻内容和节目节奏来确定，一般为一到两秒左右。根据新闻节目的整体节奏对同期声和解说词进行剪辑和拼接，确保整个节目的节奏紧凑、有序。避免因

为同期声过长或过短而破坏节目的整体效果。

经典案例

《面对面》节目之《谢军：为全球导航》(CCTV-13，2022)，专访北斗三号导航卫星首席总设计师谢军(图3-5-5)。

(解说词)2007年3月31日，在首颗北斗二号导航卫星发射前的最后检测中，卫星上的应答机出现概率异常。时间不等人，谢军与技术人员一次连续工作72小时，终于找到故障原因，解决了问题。2007年4月14日凌晨，北斗二号系统第一颗中圆轨道试验卫星被成功送入太空。但这距离履行国际电联的规定，还差一个关键动作。

图3-5-5 《面对面》中的同期声与画面的关系匹配

(同期声)谢军：按照向国际电联承诺的，我们实际上不光要把卫星发上去，而且要把卫星所携带的无线电信号发射到地面，让地面的人能够接收到你的信号，在打开卫星上导航信号功率放大器的时候，我是有点担心，因为卫星的微波部件上天之前，可能会在地面携带一些潮气，还没有释放干净，一种微波现象可能就会产生放电。放电以后会把有些设备表面烧蚀，烧蚀的后果可能就会使这个产品不能正常使用你所设计的功能。

记者：这个发生率高不高？

谢军：地面研制过程中我们还时常会碰到，我跟同事商量完以后，还是决定要一步一步进行设备加电，打开放大器，最后结果非常好，我们也说这是具有风险且成功的一次决策。

整体来看，新闻采访与编辑中，同期声与后期解说要和谐统一。同期声的处理和运用必须紧扣新闻主题，确保信息的准确传达和报道的专业性。通过解说词对背景信息的介绍与画面相互呼应。在采访前，记者要进行充分准备，包括制定详细的话题大纲、掌握提问技巧。在采访过程中能够引导受访者集中讨论事件的核心，确保对话紧密围绕主题展开，同时也要确保采访能涵盖受众最关心的问题。

八、人工智能技术在新闻解说与同期声中的应用

传统的新闻解说与同期声处理依赖于人工的撰写、录制和剪辑，这一过程不仅耗时耗力，还容易受到人为因素的影响，导致效率低下、质量参差不齐。AI技术的介入为这些问题提供了全新的解决方案。其在新闻生产中的应用逐渐从辅助工具转变为核心驱动力，尤其在新闻解说与同期声的处理领域，人工智能技术（AI）的应用正在逐步改变新闻生产的方式，使其更加高效、精准和个性化，正推动着新闻报道模式的创新与重塑。

（一）自动生成解说词

AI技术通过自然语言处理（NLP）技术[1]，根据新闻素材自动生成解说词。通过分析视频内容、事件背景、相关数据等，AI能够生成符合新闻报道要求的解说词。这不仅极大地提高了解说词的生成速度，还可以确保内容的一致性和准确性。自动生成解说词减少了人工撰写的时间成本，使新闻报道更具时效性。同时，AI技术生成的解说词可以根据受众需求进行个性化调整，增强观众的体验。

（二）实时语音合成

AI语音合成技术[2]可以根据自动生成的解说词或预设文本，实时生成解说声

[1] 自然语言处理（Natural Language Processing，NLP）是计算机科学领域与人工智能领域中的一个重要方向。它研究能实现人与计算机之间用自然语言进行有效通信的各种理论和方法。自然语言处理主要应用于机器翻译、舆情监测、自动摘要、观点提取、文本分类、问题回答、文本语义对比、语音识别、中文OCR等方面。

[2] AI语音合成技术属于AIGC的实践成果，通常配合AI合成主播、数字虚拟人来进行音像匹配，进而完善AIGC在新闻领域的实践成果和市场产品。

音。这种技术不仅可以为新闻报道提供高质量的解说，还能模拟不同的语言风格、语气和情感表达，使解说更具吸引力。实时语音合成能够实现不间断的新闻解说，尤其在突发新闻或直播场合中，AI解说能够在没有足够人力资源的情况下提供即时解说服务。

（三）风格智能匹配

AI技术能够根据不同类型的新闻内容自动匹配最合适的解说风格。例如，在严肃的新闻报道中，AI技术会选择更为正式的语气；在轻松的娱乐新闻中，则选择更为活泼的表达方式。这种智能匹配技术使新闻解说更贴合内容的性质和观众的预期。智能匹配解说风格提高了新闻节目的专业性和观众满意度，增加了新闻报道的多样性和个性化表达。

（四）智能音频编辑[1]

AI技术能够根据新闻报道的需求，对同期声进行智能剪辑和编辑。例如，它可以自动剪辑出采访中最具价值的语句，或者将多段音频合成为一段连续的报道。此外，AI技术还能根据不同场景自动调整音量平衡，确保各类声音在新闻报道中协调呈现。智能音频编辑技术加速了新闻音频的制作流程，保证了音频内容的准确性和连贯性，同时使新闻报道更具听觉吸引力。

（五）虚拟声场与3D音效

通过算法生成虚拟声场或3D音效，能使同期声具有更强的空间感和临场感。例如，在一则关于自然环境的新闻中，AI可以生成环绕声效，使观众有身临其境的感觉。这种增强音效的技术应用提升了新闻报道的沉浸感，增强了观众的体验感，使新闻节目更具现代感和吸引力。

（六）音频降噪技术

AI技术助力音频降噪表现出显著的优势。通过深度学习和语音识别技术，AI能够智能识别并分类各种噪声，并在实时录制或后期处理时自动进行降噪，提升音质的清晰度与保真度。AI的自适应降噪算法还可以根据背景音变化动态调整降噪强度，确保在复杂环境中有效去除噪声的同时，保留语音的自然性和清晰度。这一技术极大地提高了新闻音频的质量，使观众能够在各种场景下获得更佳的听觉体

---

[1] 在进行后期音频剪辑与制作工序中，AI技术智能识别剪切点进行裁剪提示，并给出相关剪辑建议，提高了后期音频编辑的制作效率，缩短了制作工序相关步骤。

验，同时也显著提升了新闻内容生产的效率和专业性。

（七）实时翻译技术

在新闻内容生产中，AI技术中的实时翻译技术展现出极大的应用潜力与成效。通过强大的自然语言处理（NLP）和机器学习算法，AI能够实时将新闻内容从一种语言精准地翻译成另一种语言，支持多语种新闻的快速传播。无论是在直播报道、国际新闻中，还是在跨国新闻发布会现场，AI实时翻译技术都能确保观众即时获得准确的翻译信息。这不仅突破了语言障碍，扩大了新闻受众范围，还提升了全球新闻报道的时效性与覆盖面，使信息传递更加高效和普及。

（八）AI虚拟新闻主播

AI虚拟新闻主播展现了令人瞩目的表现和效果。通过先进的人工智能技术和深度学习算法，AI虚拟新闻主播能够模拟真实主播的外貌、语音和表达方式，提供自然流畅的新闻播报。虚拟主播能够全天候运行，无需休息，大幅提升了新闻发布的效率和灵活性。同时，它们还可以根据观众需求和新闻内容的不同，自定义语调和风格，增强了信息传递的个性化和互动性。AI虚拟新闻主播不仅降低了新闻制作成本，还提升了观众的观看体验，为新闻行业的未来发展带来了新的可能性。

第四章

全媒体时代新闻视听类型的再延伸

NEWS

“全媒体”（omnimedia），源自美国一家名叫Martha Stewart Living Omnimedia（玛莎–斯图尔特生活全媒体）的家政公司。这家成立于1999年的公司，拥有并管理包括杂志、图书、报纸专栏、电视节目、广播节目、网站在内的多种媒体，通过旗下的“全媒体”传播自己的家政服务和产品。全媒体时代主要指对杂志、图书、报纸、电视节目、广播节目和网络节目等平台的全面充分运用，同时结合观众视觉、听觉、触觉等感官分析，实现对观众接受信息的深加工，以满足各类观众的需求。

全媒体时代通过合理运用传播媒介和传播方式，为观众提供全新、综合性服务，从而达到全面展现演播效果的形式。随着全媒体的不断发展出现的信息时代，全程媒体、全息媒体、全员媒体、全效媒体，信息无处不在、无所不及、无人不用。全程媒体，它打破时间和空间限制，实现全视角、全过程、全方位的信息呈现；全息媒体的传播呈现方式多元，在互联网、云计算、人工智能等技术的推动下，全媒体的时代到来，视频图文等给用户提供精准立体的阅读体验和观看体验；全员媒体是指每个人都可能成为信息源，“人人都有麦克风”。信息传播实践中的多元参与和多元互动，让人们既是信息的生产者，也是信息的消费者，从而形成社会化生产；全效媒体是以数据驱动为核心，算法技术的发展使得用户精准画像成为可能，让个性化推荐传播更高效。同时，媒介渠道的协同作战和媒介功能的效能拓展，也让新媒体突破了功能的限制，融合社交服务于一体，全方位提高了传播效能。

媒介材料制约着媒介的基本传播方式。从媒介材料上分，人类的传播媒介可分为身体媒介、再现性媒介和记录媒介三类。身体媒介是以人的生理器官为媒介材料，表现为面对面的实时交流。人类的思维主要处于感性和经验的领域。再现性媒介是运用间接性的符号（文字、线条、色彩）表达意义，依靠既定的编码和成规，将信息传达给受众。例如，文字、美术、音乐等，人类的思维主要处于抽象和推理的领域。记录媒介通过机器和技术将现实复制下来，如摄影、广播、电视、电影等。以电视电影为代表的视听媒介是典型的记录媒介，它的基本媒介材料是光波和声波，利用这两者就能对运动的世界作精确而具体的记录，在一定程度上恢复了人类的感性思维方式。与传统文学思维相比，视听思维建立在模拟人们的视听感知经验的基础之上，是一种追述能力较强的思维方式。

在全媒体时代下，新媒体和传统媒体各自有着独特的优势和区别。第一，新闻信息传播效果各有不同。新媒体传播时效性较强，新闻传播速度快，快速传播新闻信息事件及消息；而传统媒体由于传播渠道和途径较为单一，更加注重长期可以保存的信息，但是时效性较低。第二，新闻媒体形式的差异。传统媒体采用纸张、广播信号、电视信号等载体，通过文字、图片、声音和视频等方式定时传递信息。这些媒体形式具有触感、可视性和可听性等特点，受众通过阅读、收听或观看等方式获取信息。新媒体则主要通过数字技术和互联网形成，信息以二进制代码的形式存在，通过网络、移动应用和社交媒体等渠道传递。新媒体具有数字化的特点，可以快速即时地传播信息，并且受众可以自主选择获取的信息形式。第三，新闻信息内容的差异。新媒体由于自身的一些优势，以多对多的方式传递信息，受众能自由获取信息，同时也可以积极参与到信息的生产传播和观点意见的传播中去。因此，新媒体的信息内容质量参差不齐，会受到主观情绪的影响而缺少新闻信息的真实性和客观性。传统媒体在长期历史发展过程中具有丰富的经验，也更具有权威性和严肃性。不管是对于新闻消息、新闻评论等事件内容的真实性、客观性和准确性，还是对于新闻事件的深度报道都起着重要的作用[1]。

第一节　新闻消息

新闻消息作为新闻体裁中的一大类别，以最直接、最简练的方式迅速、及时地报道新近发生的新闻事实。全媒体时代，新闻消息的再延伸主要体现在其传播渠道的多样化和快速化。通过电视、广播、报纸、网络等多种媒体平台，新闻消息能够迅速传递给广大受众，实现信息的即时共享。同时，社交媒体、短视频等新媒体的兴起，也为新闻消息的快速传播提供了新的途径。消息结构一般包括标题、导语、主体、结语和背景五部分，其中标题、导语和主体是主要部分，结语和背景是辅助部分。

一、全媒体时代下新闻消息的特点

在全媒体时代，技术赋权、媒介融合与受众参与作为核心驱动力，深刻重塑了新闻消息的生产逻辑与传播生态。在此背景下，新闻消息呈现出内容多元化，传播

---

[1] 李晨赵．融媒体时代下新闻行业的发展趋势以及策略探析［J］．四川劳动保障，2024（4）：121-122.

即时化、互动参与化与技术创新化的新特征，共同构建起多维、动态、开放的信息传播网络。

（一）内容多元化

在全媒体时代，自媒体专业机构共同成为新闻生产者，文字、短视频、直播、数据可视化等形态深度融合，推动新闻从“单一信源”转向“多维表达”。通过提供多种形式的新闻内容，媒体可以更好地满足受众的个性化需求，提高新闻的吸引力和传播效果。首先，报道领域具有广泛性，包括政治新闻（涉及国家、政府、政党等政治活动和事件），经济新闻（关注国内外经济发展、市场动态、企业动态等），社会新闻（报道社会事件、人物故事、民生问题等），文化新闻（涵盖文化艺术、教育科技、体育娱乐等领域）。其次，信息来源具有多样性，传统媒体如报纸、电视、广播等，而新媒体包括互联网、社交媒体、自媒体等，这些平台提供了更多元、更即时的新闻来源。最后，报道形式的创新，文字报道是传统的新闻报道形式，通过文字描述事件和人物；图文报道是结合图片、图表等元素，使报道更加直观生动；视频报道是通过视频短片、直播等方式，实时展示事件现场；数据新闻是运用数据分析、可视化等手段，挖掘新闻背后的数据价值。

经典案例

1.《朝闻天下》（2006，中央广播电视总台新闻中心制作）作为一档早间新闻消息类的节目，播报的主要内容为当天发生的重大新闻事件，为观众提供准确客观的报道，传递最新的新闻事件和资讯（图4-1-1）。除了传统的文字报道之外，还提供了视频新闻、音频新闻、数据新闻等多种形式的新闻内容。这使得新闻消息更

图4-1-1 《朝闻天下》节目画面

加的丰富，满足了受众的需求。

2.BBC NEWS（英国广播公司）作为世界上第一家电视台，其宗旨是为英国大众提供高质量的电台广播服务。BBC最早的两个电台是国内服务（Home Service）和全球服务（World Service），后来又提供软性节目（Light Programme）。BBC国内服务拥有10个电台频道，面对不同的听众。针对不同的地区，BBC也有不同的节目选择。BBC全球服务则面对全球广播，此外BBC的一些短波频道也可以在英国以外地区收听。这些频道大多以新闻为主，除了传统的文字新闻报道外，BBC还提供视频新闻、音频新闻、图表新闻等多种形式的内容。这些多样化的内容形式满足了不同受众的需求，使得新闻消息更加丰富多彩。

（二）传播即时化

随着移动互联网的普及和社交媒体的发展依托5G、移动采编与云端协作技术，缩短新闻发布时差，更大程度上实现新闻资讯的即时触达。媒体需要借助全媒体平台，实现新闻消息的即时传播，以满足受众对于新闻时效性的需求。一是在新闻传播领域，即时化传播表现为新闻报道的迅速和实时性。通过新媒体技术，如互联网、社交媒体、移动应用等，新闻事件可以在极短的时间内被采集、编辑、发布和传播，从而迅速引起公众的关注和讨论。二是这种即时化传播不仅提高了新闻报道的时效性，也增强了新闻的影响力。新媒体时代，信息传播不再受到时间和空间的限制，人们可以通过各种社交媒体、新闻网站、即时通信工具等渠道，迅速获取和传播信息。这种即时化的传播方式使得新闻事件的报道更加迅速、准确，也使得受众能够及时了解事件的最新进展。

经典案例

1.《中国青年报》(1951，共青团中央机关报）是以中国各族青年和中国共产主义青年团团员和干部为主要服务对象的全国性综合日报。除了传统的报纸，它还有自己的抖音号和微信公众号，及时发布各类新闻信息消息，内容丰富（图4-1-2）。其通过短视频的方式快速传递给受众消息内容，迅速满足了受众的信息需要，为受众快速获得信息提供了便捷。

2.CNN Breaking News（美国有线电视新闻网）是一个实时更新的新闻平台，它利用社交媒体、移动应用等全媒体渠道，将最新的新闻消息迅速传递给受众。无论是突发事件还是重要会议，CNN都能在第一时间为受众提供最新报道。

图4-1-2 《中国青年报》形象展示

（三）互动参与化

全媒体时代，受众不再是被动的信息接收者，而是可以积极参与新闻生产和传播的参与者。用户通过转化、评论、UGC（用户生成内容）深度介入新闻生产，算法推荐与社群传播进一步强化信息流动的“圈层化”与“社交化”。媒体需要借助社交媒体等平台，与受众进行互动交流，激发受众的参与热情，提高新闻的互动性和传播效果，需要紧跟时代步伐，不断创新和改进新闻传播方式，以满足受众的多元化需求。在新闻传播过程中，受众能够积极参与其中，与新闻事件、新闻人物或新闻发布者进行实时互动和交流。这种互动参与化不仅增强了新闻传播的互动性，而且提高了受众的参与感和满足感。新闻消息的互动参与化对于新闻传播具有积极的意义。首先，增强了新闻传播的互动性，使得受众能够更加积极地参与其中，提高了新闻传播的效果。其次，提高了受众的参与感和满足感，使得受众对新闻事件和新闻人物产生更深刻的关注和理解。最后，促进了新闻媒体的创新和发展，推动了新闻传播方式的变革和升级。

经典案例

《人民日报》（1948，中国共产党中央委员会机关报）的新媒体平台通过微博、微信等社交媒体与受众进行互动，鼓励受众在评论区发表观点、提供线索，甚至参与新闻的策划和报道（图4-1-3）。观众可以在评论区进行评论和互动，发表自己的意见和想法，让党和国家听取普通百姓的建议和要求。这种互动参与的方式增强了受众的参与感和归属感。

图4-1-3 《人民日报》形象展示

（四）技术创新化

人工智能、大数据等技术的不断发展，通过AI写作、VR新闻、元宇宙场景等前沿技术的应用，推动新闻从“平面报道”迈向沉浸体验为真相挖掘与叙事创新提供全新可能。通过技术创新，媒体可以实现新闻生产的自动化、智能化，提高新闻的质量和效率，同时满足受众对于新闻个性化、定制化的需求。一是融媒体技术给新闻行业带来的改变主要体现在网络化、交互性强等特点，丰富了传统新闻行业的表现形式和传播渠道[1]。通过在线调查、投票、直播互动等技术手段，新闻机构能够鼓励受众参与新闻的讨论和传播，形成良好的互动氛围。二是新闻消息的技术创新化不仅提高了新闻传播的效率和互动性，还为受众提供了更加丰富、多样的新闻体验。随着技术的不断发展，未来新闻消息的技术创新化将会呈现更加丰富多彩的局面。

经典案例

新华社－中文AI合成主播（2018，新华社）：新华社是党的新闻舆论工作重镇，是中国国家通讯社和世界性通讯社，承担集中统一发布中国共产党和政府权威新闻的重要职责。新华社联合搜狗公司在京发布全新升级的站立式AI合成主播并推出全球首个AI合成女主播。这是人工智能与新闻采编深度融合的最新突破性成果，为媒体融合向纵深发展开辟了新空间。AI合成主播可以通过人工智能技术模

---

[1] 潘琳琍. 浅析网络新闻评论的突破和创新[J]. 新闻世界，2024（4）：94-97.

拟真实主播的语音和表情，实现24小时不间断的新闻播报。这种技术创新不仅提高了新闻的生产效率，还丰富了新闻的表现形式（图4-1-4）。

图4-1-4　新华社－中文AI合成主播

二、全媒体时代下新闻消息的再延伸

随着媒体技术的不断发展，新闻消息的呈现方式也在不断创新，可以创造出更加丰富、生动的新闻报道形式。在新闻节目中加入短视频、音频采访等元素，使观众能够更直观地了解新闻事件，增强报道的吸引力和感染力。新闻消息随着全媒体时代发展，内容、形式和技术都在不断创新，不仅采用了多媒体融合的方式，将文字、图片、视频、音频等多种媒体形式融合，提供丰富多样的新闻呈现方式，还采用直播报道的方式，利用新媒体技术，如直播工具，对新闻事件进行实时直播报道，增强新闻的时效性和互动性。同时，互动体验的方式也十分重要，通过增设互动环节，如问答、投票、评论等，增加受众的参与感和体验感。

学生作品案例

《舞者》（2023，祁雯）新闻报道，展示了河北师范大学开展的“叩响音乐之门系列活动”。活动中舞者们展示自己曼妙的身姿，通过自己的力量将最好的一面展示给同学和老师们。这些舞者背后艰辛的经历通过采访表现出来，在老师的鼓励和帮助之下，舞者们顺利完成此次比赛，并获得圆满成功，而观众的掌声则是对舞者们最大的鼓励。同时，在采访过程中发现，观众认为，通过观看各种各样的舞蹈表演，感受到了民族的多样性和国家的强大（图4-1-5）。

图4-1-5 《舞者》活动表演现场

（一）新闻消息再延伸的特点

大数据和算法技术的发展，使新闻消息的个性化推荐成为可能。通过分析用户的阅读历史、兴趣爱好和社交关系等信息，媒体平台可以向用户推荐符合其个人喜好的新闻内容。同时，它也有助于增强受众的跨文化沟通能力，促进不同国家和地区之间的理解和交流。全媒体时代，新闻报道的再延伸体现在多个方面，这些延伸不仅丰富了报道内容，还拓宽了传播渠道，提升了受众的参与度和互动体验。

1.新闻消息的个性化推荐

例如，今日头条、腾讯新闻等媒体平台采用了个性化推荐技术。用户打开应用后，首页展示的新闻内容都是根据其个人兴趣和阅读习惯进行挑选的。个性化推荐不仅提高了用户的阅读满意度和黏性，也帮助媒体平台实现了精准营销，提高了广告效果。

2.新闻消息的多媒体融合报道

全媒体时代，文字、图片、视频、音频等多种媒体形式可以相互融合，共同构成一篇完整的新闻报道。多媒体融合报道方式能够更全面地展示新闻事件的各个方面，提高报道的生动性和感染力。不同形式的媒体融合促进了报道形式的多样性，能够通过不同的视角了解新闻事件本身，让报道更加生动真实。

经典案例

《纽约时报》（1851，美国纽约出版）在报道重大事件时，经常采用多媒体融合报道的方式。例如，在报纸上刊登文字报道和图片，同时在网站上发布视频和音频素材，甚至通过社交媒体平台进行直播互动。多媒体融合报道能够打破传统媒体的局限，提供更丰富、更生动的新闻体验。同时，它也有助于吸引年轻一代的受众，提高媒体的影响力和传播力（图4-1-6）。

图4-1-6 《纽约时报》

3.新闻消息的社交化传播

社交媒体已经成为人们获取和传播新闻消息的重要渠道。新闻消息在社交媒体上传播速度快，且具有较强的互动性和参与性。例如，微博、抖音等社交媒体平台上的新闻热点话题经常能够迅速引发广大网友的关注和讨论。许多媒体机构也积极入驻社交媒体平台，通过发布新闻消息、开展话题互动等方式与网友进行互动交流。社交化传播不仅扩大了新闻消息的传播范围，也提高了受众的参与度和互动性。通过社交媒体平台，媒体可以更好地了解受众的需求和反馈，优化新闻报道的质量和效果。

4.新闻消息的全球化视野

随着全球化的深入发展，新闻消息的报道范围越来越广，涉及领域也越来越复杂。媒体需要具备全球视野和跨文化沟通能力，以更好地报道世界各地的新闻事件。如国际媒体CNN、BBC等经常报道全球各地的新闻事件，包括政治、经济、文化、科技等多个领域。通过采访当地专家、实地调查等方式获取第一手资料，为读者提供全面、深入的报道。全球化视野有助于媒体拓宽报道领域，提高报道质量。

（二）新闻消息中画面和解说词的制作

在新闻消息中，画面和解说词的制作是相辅相成的，它们共同构成了新闻消息的核心内容。在画面制作和解说词制作中，要注意解说词要配合画面，要与画面紧密配合，确保观众在听到解说词的同时能够清晰地看到相关画面。在关键画面出现时，解说词要给予足够的描述和解释，使观众能够更好地理解新闻内容。

1. 画面制作

在画面制作中要注意以下几点。

（1）要注意选材与拍摄。选择具有新闻价值和画面形象的素材进行拍摄。确保画面的清晰度和稳定性，避免抖动和模糊。注意画面的构图和色彩搭配，使画面更具吸引力和视觉冲击力。

（2）技术加工，对于拍摄完成的素材，需要进行技术加工，如剪辑、调色、音效处理等。剪辑时要遵循新闻事件的逻辑顺序，确保画面的连贯性和流畅性。调色要根据新闻内容的主题和氛围进行调整，使画面色彩更加符合新闻主题。音效处理要注意与画面的配合，增强新闻消息的感染力和吸引力。

（3）快速处理为满足新闻消息的时效要求，画面制作需要尽可能快速完成。采用先进的编辑软件和硬件设备，提高制作效率。简化制作流程，减少不必要的环节和步骤。

2. 解说词制作

在解说词制作中要注意以下几点。

（1）内容撰写。要为看而写，解说词要力争有画面感，要具体描述画面内容，使观众能够清楚地了解事件、思想、观点、人物等。内容要准确、简洁、明了，能够清晰传达新闻事件的主要信息。注意语言的规范性和准确性，避免出现错别字和语法错误。要与画面紧密配合，增强新闻消息的感染力和吸引力。

（2）声音录制。解说词的声音录制要清晰、洪亮、富有感染力。采用专业的录音设备和软件，确保录音质量。注重声音的音量和节奏，使之与画面内容相匹配。

（3）编辑与调整。在录制完成后，对解说词进行编辑和调整，使其更加符合新闻主题和氛围。去除不必要的停顿和重复，使解说词更加流畅自然。可以在关键部分添加音效或背景音乐，以增强新闻消息的感染力。

第二节　新闻评论

新闻评论是新闻传媒针对现实生活中新近发生的、具有普遍意义的新闻事件、迫切需要解决的社会问题或公众广泛关注的社会话题发表议论、作出分析、讲明道理、直接发表意见的文体或节目形态。新闻评论反映客观事物的方法比较概括和抽象，主要通过分析说理的方法，从理论、政治、伦理、法律、经济、社会、文化等多种角度，对新闻事件或社会问题作分析、整合和评价，表达自己的思想和观点。

一、新闻评论的特征

全媒体时代，网络新闻评论是“通过网络媒体就当前新闻事件或事态发表评价性意见”，是解读新闻的一种重要形式。与传统的新闻评论相比，网络新闻评论没有漫长的发展历史，但发展速度惊人，其具有以下几种特征[1]。

（一）新闻评论具有针对性

新闻评论通常是针对某个特定的新闻事件或问题进行，具有明确的指向性。它通过对新闻事件或问题的深入分析，揭示其背后的原因、影响及发展趋势，引导公众关注并思考相关问题。

（二）新闻评论具有时效性

新闻评论的时效性强，它需要在新闻事件发生后尽快发表，以便及时反映舆论、引导舆论。因此，新闻评论作者需要具备敏锐的新闻嗅觉和快速的反应能力，以便迅速把握新闻事件的发展脉络和舆论走向。

（三）新闻评论具有客观性

新闻评论在表达观点和看法时，必须尊重事实、尊重真理。新闻评论作者需要在深入调查和分析的基础之上，客观地评价新闻事件或问题，避免主观臆断和情绪化表达。

（四）新闻评论具有深度性

新闻评论不仅是对新闻事件的简单报道，更是对新闻事件或问题的深入分析和探讨。它需要作者具备深厚的知识储备和独立的思考能力，能够从多个角度和层面分析新闻事件或问题，揭示其内在规律和深层次内涵。新闻评论具有很强的引导性，它通过作者的观点和分析，引导公众关注并思考相关问题，进而形成正确的舆论导向。因此，新闻评论作者需要具备高度的责任感和使命感，以客观、公正、理

[1] 潘琳琍．浅析网络新闻评论的突破和创新［J］．新闻世界，2024（4）：94-97.

性的态度发表评论，避免误导公众。

（五）新闻评论具有互动性

在现代媒体环境下，新闻评论的互动性越来越强。许多新闻媒体开设了评论区或留言板，允许读者发表自己的观点和看法。这种互动性不仅增强了新闻评论的时效性和针对性，还使得新闻评论成为公众表达意见、交流思想的重要平台。网络新闻评论可以借助大数据分析，针对读者的兴趣进行个性化定制[1]。

经典案例

《主播说联播》（2019，中央广播电视总台）节目中的新闻评论内容兼具了融媒时代媒介融合、内容整合以及主体多元下的互动思维，通过使用竖屏场景拓展了评论发布的媒介平台以及评论内容的呈现形态。《主播说联播》选择了用户在当下更为习惯的竖屏场景，不仅契合了用户用手机观看的习惯，还增加了视频中评论的现场感，使得用户能够更轻松、便捷地观看内容（图4-2-1）。这种符合用户习惯的场景构建有助于提升观众的观看体验，增加用户留存和互动的可能性。

图4-2-1 《主播说联播》画面

二、新闻评论中的电视新闻现场报道

现场报道是指在新闻事件发生的现场，记者或新闻播报员向观众或听众进行口

[1] 李木子. 融媒时代下新闻评论中的互动思维分析：以《主播说联播》为例[J]. 记者摇篮，2024（5）：42-44.

头报道的一种新闻形式。这种报道形式能够实时、直接地传递新闻事件的信息，使受众感受到强烈的现场氛围，增强新闻报道的真实感和可信度。

现场报道在新闻节目中占据重要地位，尤其在突发事件、重大事件或体育比赛的报道中，现场报道更是不可或缺。它能够迅速、准确地传递信息，满足观众对新闻时效性和真实性的需求。融媒体时代，短视频以其简短的新闻时长、精炼简洁的语言形式成为观众获取新闻信息的重要途径，新闻事件的现场报道均是采用短视频的形式，并且能够收获较高的点击率[1]。现场报道也能够提升新闻节目的质量和影响力，增强媒体的公信力和竞争力。为了做好现场报道，记者需要具备较高的职业素养和专业技能，包括敏锐的观察力、快速的反应能力、流利的口语表达能力和良好的心理素质等。同时，记者还需要对新闻事件有深入的了解和认识，以便在报道中能够准确、全面地传递信息。

对新闻记者来讲，现场报道既是机遇也是挑战，不仅要求新闻记者具备较强的专业水平和丰富的知识储备，还要拥有较高的道德素养和灵活思维，能够在现场直播和一定时间范围内将现场状况运用流利的语言描述出来，也就是我们常说的“一次过”[2]。

（一）电视新闻现场报道的特征

现场报道能够提供丰富的视觉和听觉信息，使观众更加全面地了解新闻事件的全貌。通过现场报道，观众可以实时参与到新闻事件中来，与记者和目击者进行互动，表达自己的观点和看法。现场报道通过直接呈现新闻事件的真实情况，带给观众身临其境的感受，提升新闻报道的可信度和吸引力。另外，为了实现现场报道的真实感，电视新闻报道需要遵循一定的原则和方法，确保报道的实时性、准确性、客观性、多样性和全面性。这样才能为观众带来更加真实、可信、有价值的新闻报道。

1. 实时性

现场报道的实时性是新闻报道中极为重要的一环，指的是新闻报道能够迅速、及时地将新闻事件发生的过程和结果呈现给观众，使观众能够在第一时间获取最新

---

[1] 胡录海．网络时代下新闻记者现场报道素养的提升策略[J]．卫星电视与宽带多媒体，2024，21（4）：90-92.

[2] 郭刚华，张田鑫．电视新闻现场报道的特点及发展趋势[J]．西部广播电视，2019（14）：49-50.

的信息。现场报道的实时性对于新闻报道的传播效果、观众体验以及新闻价值都具有重要影响。

（1）确保新闻传播的时效性。现场报道的实时性能够确保新闻传播的时效性。在新闻行业中，时效性被视为新闻报道的生命线。现场报道通过实时传输技术，如直播、即时通信等，将新闻事件的第一手资料迅速传递给观众，使观众能够在最短的时间内了解到新闻事件的最新动态。这种即时性不仅满足了观众对新闻信息的需求，也增强了新闻报道的竞争力。

（2）增强观众的参与感和沉浸感。通过现场报道，观众可以实时观看新闻事件的发生过程，感受到现场的氛围和情绪。直观、生动的报道方式能够使观众更加深入地了解新闻事件，增强观众的参与感和沉浸感。现场报道的实时性还能够增强新闻报道的权威性和可信度。在新闻事件发生的第一时间，现场报道能够迅速传达新闻信息，避免信息的滞后和失真。这种及时、准确的报道方式能够增强观众对新闻报道的信任感，提高新闻报道的权威性和可信度。

（3）提供真实客观的证据支持。现场报道还能够提供目击者的证词和现场画面，为新闻报道提供更加真实、客观的证据支持。电视新闻现场报道能极大缩短发生的新闻事件与电视观众之间的时间、空间距离，通过屏幕将当前或者短时间内发生的事件和变化情况呈现给观众，这样的新闻呈现方式更容易吸引人们关注，具有时效性的新闻才更具有意义[1]。

2. 直接性

记者或播报员身处新闻现场，能够直接观察到事件的发生过程，并以第一人称的角度进行描述。现场报道的直接性是新闻报道中的重要特性，指的是新闻报道能够直接呈现新闻事件发生的现场情况，使观众仿佛置身于新闻事件之中，获得最直观、最真实的感受。

现场报道的直接性对于提升新闻报道的吸引力和可信度，以及增强观众的参与感和沉浸感都具有重要作用。现场报道的直接性能够带给观众最直观、最真实的感受。通过现场报道，观众可以实时看到新闻事件的发生过程，听到现场的声音，感受到现场的氛围和情绪。这种直接、真实的呈现方式能够极大地增强观众对新闻事

---

[1] 薛天．浅析电视新闻现场报道的传播特点[J]．重庆科技学院学报（社会科学版），2011（11）：147-148.

件的认知和理解，使观众更加深入地了解新闻事件的来龙去脉和背景信息。由于现场报道是直接从新闻现场获取，因此它所呈现的信息是最新、最原始、最真实的。这种直接性能够减少信息传递过程中的误解和失真，确保观众获取到最准确、最可靠的信息。同时，现场报道还能够提供目击者的证词和现场画面，为新闻报道提供更加真实、客观的证据支持。

要实现现场报道的直接性，需要具备一定的技术和设备支持。例如，需要采用高清摄像机、无线传输设备等先进的技术手段，以确保现场画面的清晰度和传输速度。同时，还需要有一支专业、高效的报道团队，能够快速到达新闻现场并进行实时报道。在报道过程中，还需要注意对新闻事件的全面、客观、真实地呈现，避免主观臆断和误导观众[1]。

学生作品案例

《春季运动会》（2023，石远嘉）记录了河北师范大学2023年春季运动会的顺利举行，展现了同学们别样的风采和青春。报道中分别采访了体操人员和参加各项竞技的运动员，报道方式清晰、简单、明了，直击问题，带领观众了解运动会的细节和过程，使整篇报道更加丰富有色彩。同时，对于运动员的感受进行了细致采访，也让观众了解到运动员赛场上挥汗拼搏和顽强奋进的优秀品质，让这场运动会的报道更加有深度（图4-2-2）。

图4-2-2 《春季运动会》活动现场

❶ 王梦君. 电视新闻现场报道的特点与真实性[J]. 才智，2013（23）：358.

3. 真实感

现场报道通过现场的描述和氛围的营造，使观众或听众感受到强烈的真实感，仿佛置身于新闻现场。现场报道的真实感是新闻报道中至关重要的因素之一，通过直接呈现新闻事件发生现场的方式，增强新闻报道的真实感和沉浸感。

现场报道的真实感对于新闻报道的传播效果、观众体验以及新闻价值都具有重要影响。现场报道的真实感能够提升新闻报道的可信度。在新闻报道中，真实感是观众最为关注的因素之一。现场报道通过直接呈现新闻事件的真实情况，减少了信息传递过程中的误解和失真，确保观众获取到最准确、最可靠的信息。

为了实现现场报道的真实感，新闻报道需要遵循一定的原则和方法。首先，要确保报道的实时性和准确性，应及时将新闻事件的最新情况呈现给观众。其次，要注重报道的客观性和公正性，避免主观臆断和误导观众。然后，还要注重报道的多样性和全面性，从多个角度和层面呈现新闻事件的真实情况。最后，还需要采用先进的技术手段和设备，确保现场画面的清晰度和传输速度，以及声音的音质和流畅性。现场感强是现场报道最显著的优势，能使受众产生身临其境，参与其中的临场感、介入感[1]。

4. 互动性

在部分现场报道中，记者会与现场人员进行互动、提问或采访，使报道内容更加丰富和全面。现场报道的互动性是指在新闻报道过程中，观众能够直接参与、交流和反馈，与报道者形成双向或多向的互动关系。电视新闻现场报道，记者是目击者，同时也是事件的参与者，但也是报道者。因而就可从不同的角色定位中来采访和报道事件。记者所提出的问题，也就更容易符合观众的期待[2]。

首先，实时互动技术，利用直播、社交媒体、在线问答等现代通信技术，观众可以在报道过程中实时提问、评论或参与投票等互动活动。这些技术使得观众能够即时与报道者进行互动，分享自己的观点和感受，从而增强了新闻报道的互动性。其次，现场报道鼓励观众通过不同渠道参与互动，如通过社交媒体平台发表评论、提问或分享见闻。观众的参与不仅可以为报道提供更多元化的视角和观点，还能够

---

[1] 聂嘉. 电视新闻现场报道的传播特点及技巧探讨[J]. 电视指南，2017（8）：192.

[2] 魏博. 新媒体背景下电视新闻深度报道的传播力提升策略[J]. 卫星电视与宽带多媒体，2024，21（7）：91-93.

增强观众对新闻事件的关注度和兴趣。最后，互动效果评估，为了衡量现场报道的互动性效果，会进行相关的评估和分析工作。评估指标可能包括观众参与度、互动频次、观众反馈等，这些数据有助于了解互动效果，并为后续报道提供参考和改进方向。提前进行观众调查，了解他们的兴趣和关注点，以便在报道中设置更有针对性的互动环节。

5.突发性和不可预测性

新闻现场报道的突发性是新闻报道工作中的一个重要特点。面对突发性新闻事件，新闻媒体需要迅速反应、即时报道、强调现场感和真实性，并严格遵循相关法律法规和职业道德规范。只有这样，才能为受众提供准确、及时、全面、客观的新闻报道服务。

突发性新闻事件，如自然灾害（地震、洪水、火灾等），社会事件（交通事故、凶杀案等），往往具有不可预测性。这些事件在何时、何地发生，以及发生的具体形式和影响程度，都是事先难以准确判断的。因此，新闻现场报道的突发性首先体现在对这类突发事件的即时反应和报道上。

（二）记者在现场报道需要具备的素养

记者在现场报道中，需要具备多方面的素养，以确保能够准确、迅速并富有深度地进行报道。

1.记者须具备的基本素养

（1）对记者个人的素养要求。记者要有较强的现场观察能力，能够迅速掌握现场情况，快速作出判断；能够发现和捕捉到事件中的细节，以及目击者和当事人的情感变化；要有过硬的新闻业务能力，包括采、编、播合一的素质；具备良好的文字表达和撰写能力，能够将复杂的内容用简洁、准确、生动的语言表达出来；养成基本的拍摄习惯，符合拍摄要求，对于选图也有一定的判断；熟练掌握新闻内容生产过程，了解现场报道时的场面调度。

（2）对报道团队的挑战。突发性新闻事件的现场报道对报道团队提出了极高的挑战。一方面，报道团队需要具备高度的专业素养和应急能力，以便在紧急情况下迅速组织报道工作；另一方面，报道团队还需要具备良好的心理素质和团队协作能力，以应对可能出现的各种复杂情况。在报道过程中，记者需要时刻保持冷静和理智，确保报道工作的顺利进行。

（3）遵循法律法规。在突发性新闻事件的现场报道中，报道团队还需要严格遵循相关法律法规和职业道德规范。例如，在报道过程中要尊重受访者的隐私权和人格尊严，避免侵犯其合法权益；在报道敏感事件时要谨慎处理相关信息，避免引发社会不稳定因素等。此外，随着法律法规的修订和完善，新闻媒体在突发事件报道中的职责和权利也得到了进一步明确和规范。

2.记者使用拍摄设备的习惯和基本要求

（1）记者使用拍摄设备时需要养成的习惯。一是通过寻像器观察；二是通过镜头观察，即镜头感的培养；三是克服紧张感。

（2）记者使用拍摄设备的基本要求。一要稳，电视画面不稳、镜头晃动会影响画面内容的表达，使观众眼睛疲劳，破坏欣赏情绪，在情况允许时，应尽量利用三脚架，或充分利用各种支撑物，如身边的树、电线杆、墙壁等；二要平，所摄画面中的地平线一定要平，寻像器中看到的景物图形应横平竖直，以寻像器的边框为准来衡量。画面中的水平线与寻像器的横边平行，垂直线与寻像器的竖边平行，如果线条歪斜了，将会使观众产生某些错觉；三要准，一般指落幅要准，当某个技巧性镜头（推）结束时，落幅画面中镜头的焦点、构图应该是正好的。任何落幅之后的构图修正，都会明显地在画面中表现出来，而且落幅后还在修正构图会给观众造成一种模棱两可的印象；四要匀，指运动镜头的速率要匀，不能忽快忽慢，无论是推、拉、摇、移还是其他技巧，都应当匀速进行。镜头的起、落幅应缓慢，不能太快，中间必须是匀速的。

3.记者熟练掌握新闻内容生产过程

记者一定要明确拍什么，明确摄像在选择拍摄对象时必须根据题材、成片形式综合考虑。例如，新闻、纪录片和广告，在实际工作中摄像与编导（导演）的职责分工——对于编导（导演）需要和怎样的摄像合作，明确摄像必须带有编辑意识才能拍出满意的作品。同时熟练掌握新闻内容生产的三个阶段、效果—动因制作模式原理及过程。

（1）生产过程的三个阶段：预备阶段、制作阶段、后期阶段。

首先，预备阶段（前期准备阶段）要有最初的节目构思，明确节目的受众。为了将自己最初的构思转变成有效的视觉和听觉形象，还要动用必需的人员和设备。小心谨慎的前期准备工作是提高影视制作效率和效果的关键因素。

其次，摄制制作阶段要将自己原始构思转化为影视作品，此阶段涉及制作人员、技术人员以及各种制作设备的操作与配合。

最后，后期制作阶段从素材中选择出最好的片段，在必要的地方对它们的画质和音质加以润色，矫正在拍摄中出现的一些瑕疵。然后再将镜头和场景组合成一个整体，形成完整的影视作品。

（2）效果—动因制作模式原理及过程。从前期准备到拍摄，再到后期制作，产生了效果—动因制作模式。效果—动因制作模式原理是从最初的构思跳跃到预定传播效果阶段，在这个阶段做案头工作，判断要达到预期的传播效果需要哪些媒介要素。其中包括节目基本构思、预期传播效果、媒体元素（动因）、脚本格式、实际传播效果和对实际传播效果的评估，效果—动因制作模式也不是任何情况下都能奏效的系统，但它能帮助我们确定制作的基本步骤，帮助我们理顺拍摄环节。这种模式基于这样一个认识：即真正有价值的讯息并不是最初开始的那个讯息，而是观众最终感受到的那个信息。

效果—动因制作模式分为四个过程：①从基本构思逐渐过渡到预定传播讯息（预期传播效果）；②判断产生预期效果需要哪些媒介要素（动因）；③在制作过程中贯彻实际传播讯息；④评估实际传播效果，观察预定传播讯息与实际传播讯息之间的契合程度。图4-2-3为完整的构图技巧和拍摄流程。

同时记者要注意选图要求：一是对焦清晰，人像清晰、无红眼、无遮挡、肤色正常；二是画质好，1M以上、低噪点、采光好、无过度曝光；三是贴合主题与文章主旨相符、与文章内容相符；四是构图合理，人像多正面、画面干净、平直无歪斜、焦点突出。

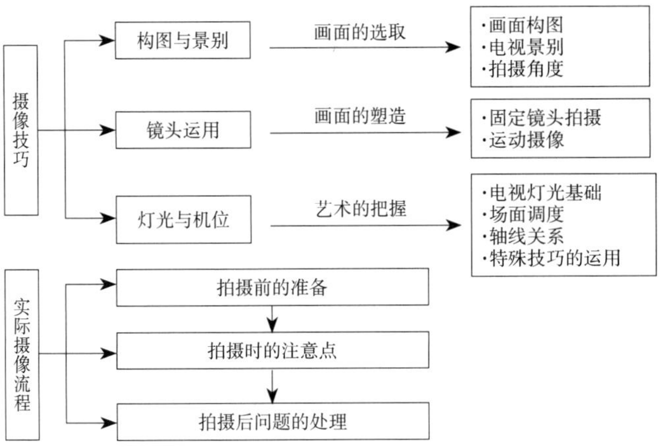

图4-2-3　构图技巧和拍摄流程

第三节　深度报道

深度报道是一种系统地反映重大新闻事件和社会问题、深入挖掘和阐明事件的因果关系以揭示其实质和意义，并追踪和探索其发展趋向的报道方式。一方面，全媒体时代，深度报道的再延伸主要体现在其报道领域的广泛性和报道手段的多样化。另一方面，深度报道也更加注重采用数据分析、专家访谈、实地调查等多种手段，通过多维度的视角和深入的分析，为受众提供更加全面、深入的新闻解读。在综合考量与衡量各种因素之后，选择最具新闻价值和影响力的报道主题，并从多种途径搜集新闻素材，以此来丰富和拓展深度报道的内容和形式，从而确保新闻深度报道的价值得到充分的体会[1]。

一、深度报道的特点

深度报道会分析事件对当事人、相关群体、社会整体等各个方面的影响，包括直接影响和间接影响、短期影响和长期影响等。这种影响范围的探讨有助于读者更全面地了解事件的后果和意义，从而更好地评估事件的价值和影响。通过对事件进行深入的剖析和解读，深度报道能够揭示事件的本质和规律，帮助读者更好地把握事件的走向和趋势。

（一）题材的重大性

深度报道往往选择具有普遍性和紧迫性的社会问题作为报道对象，通过深入挖掘和分析，揭示问题的根源、影响和解决途径。首先，深度报道所报道的新闻事实应当是社会关注的难点问题，选题一般应当是重大的，是可能对国家和社会发展带来较大影响的事件或问题。这些问题通常关系社会改革发展的大局，关系社会发展的难题和痛点问题，以及广大人民群众关注的热点问题。其次，深度报道题材的重大性在于其对社会问题的揭示和探讨。这些问题可能涉及教育、医疗、环保、就业等各个领域，与广大人民群众的切身利益密切相关。它能够引起社会的广泛关注和讨论，推动问题的解决和改进。最后，一些重大的政治事件、经济现象或文化趋势

---

[1] 尹梅晶. 融媒背景下深度报道的特点与影响力研究：以疫情期间《半月谈》等为例［D］. 哈尔滨：黑龙江大学，2022.

往往成为深度报道的焦点。这些报道不仅关注事件本身的发展过程，更关注事件背后的政治、经济、文化因素，以及这些因素之间的相互作用和影响，可以让受众更加深入地了解政治、经济、文化等领域的运作机制和规律，从而更好地把握时代的脉搏和发展趋势。

（二）内容的深刻性

报道不仅包含新闻事件本身，还涉及新闻背景、有关新闻事件的资料、说明、原因、意义、过程、分析、前景等要素，具有内容丰富、背景翔实的特点。首先，深度报道通过深入调查研究新闻事实，挖掘新闻背后的因素及关联信息，致力于揭示新闻真相和深层意义。且随着自媒体洗稿现象的层出不穷，原创的、深度的、高质量的信息内容显得尤为重要[1]。其次，深度报道会对新闻事件或社会现象进行全面的背景分析。通过梳理事件的来龙去脉，介绍相关的历史背景、社会环境、政策因素等，为读者提供全面、立体的认知框架。这种背景分析有助于读者更好地理解事件发生的原因和动机，从而增强报道的可信度和说服力。最后，深度报道会对事件进行深入的剖析和解读。通过采访相关当事人、专家学者、利益相关者等，收集多方面的信息和观点，对事件进行多角度、多层次的解读。这种剖析和解读不仅关注事件本身的细节和过程，更关注事件背后的深层次原因、影响和意义。

经典案例

《新闻当事人》（2012，湖南卫视）是全国第一档以“80后”青年为核心调查记者群的新闻节目。该节目以新闻当事人为核心，以事件各相关人、围观者为话题支撑，关注社会群体心理需求、现实困境、焦点话题，旨在引发观众共鸣。通过对新闻当事人的深入挖掘和采访，节目能够揭示新闻事件背后的深层次原因和影响。该节目内容涵盖广泛，包括社会热点、人物专访、案件追踪等，每一期都围绕一个或多个新闻当事人展开。《新闻当事人》是一档具有深度、真实性和互动性的新闻该节目，通过采访新闻事件中的当事人，呈现他们的真实经历和看法观点，引发观众的共鸣和思考。

学生作品案例

《回归纸质阅读，留住一方书屋》（2023，河北师范大学）讲述了当下实体书店

---

❶ 汤文慧. 深度报道类新闻选题特点分析［J］. 新闻研究导刊，2020，11（24）：150-151.

面临着网络的巨大冲击，导致销售量和人流量都在下降。而有一些书店通过改革凭借优质品牌服务，设立人性化的书吧、茶吧以及阅读区，吸引了更多的读者，营造浓厚的读书氛围。该新闻作品通过挖掘现在实体书店面临的问题，并对这种现象进行了多角度、多维度的分析，关注了纸质图书发展的热点问题，使该新闻作品更加专业而有深度（图4-3-1）。

图4-3-1 《回归纸质阅读，留住一方书屋》报道画面

（三）材料的详尽性

深度报道在报道过程中，对新闻事件进行多角度的深入扫描，全面详尽地展示新闻发展脉络，剖析新闻背景、影响及发展趋势。首先，报道具有详尽性，力求为受众提供全面的信息。目前广大人民群众都能通过各种途径了解新闻事件，而大多数网络上的新闻都是通过短视频的形式呈现，受众对新闻的完整性缺乏认识。电视新闻报道不仅能将新闻完整地呈现给观众，还能对新闻进行深度剖析[1]。其次，深度报道还会对背景信息进行详尽的阐述。报道会介绍与事件相关的历史背景、社会环境、政策因素等，为读者提供一个全面、立体的认知框架。这种背景信息的阐述有助于读者更好地理解事件发生的原因和动机，从而增强报道的可信度和说服力。最后，深度报道还会对事件的影响范围进行详尽的探讨。

（四）体裁内容的综合性

报道不仅报道事实，还进行评述，具有述评的综合性。首先，深度报道在内容上较丰富，可以体现新闻价值、社会价值或学术价值等。体裁也可以多种多样，

---

❶ 付文雅，阚倩．融媒体时代解释性报道的发展之路［J］．传播力研究，2017，1（5）：82.

如消息、通讯、评论、图片专题等，表现形式具有多样性。其次，深度报道在揭示内容、预测趋势、提出观点时，通常会对当前的工作、存在的问题有所启示与帮助。最后，报道中除了基本的事实陈述之外，还包括新闻背景和过程，以提供全面、深入的信息。总之，深度报道内容的综合性体现在报道内容的丰富性、报道形式的多样性、新闻体裁的融合性、报道元素的互补性以及报道视角的多元性等多个方面。

二、深度报道的三种新闻类型

深度报道是一种详尽、全面、深入的新闻报道形式，它通常不仅报道新闻事件本身，还深入探究其背景及影响等。在新闻实践中，深度报道可以涵盖多种类型，主要包括解释性报道、调查性报道、预测性报道等。这三种类型并不是孤立的，它们在实际的新闻实践中往往会相互融合、相互渗透。一篇优秀的深度报道可能同时包含了解释性、调查性和预测性的元素，以全面、深入地呈现新闻事件或社会现象的全貌。

（一）解释性报道

解释性报道专注于对新闻事件或现象的深层原因进行解释和剖析。随着社会的不断发展和变化，解释性报道所涉及的领域也越来越广泛，包括政治、经济、社会、文化、科技、环保等各个领域。首先，它不仅报道事件本身，而且深入探究事件的来龙去脉、因果关系、影响因素等，帮助读者或观众理解事件的本质和背后的逻辑。作为一种新闻报道方式，解释性新闻报道注重用事实说话，通过添加事实性背景材料对新闻事件进行补充说明，进而解释新闻事件发生的原因以及影响[1]。它不仅满足于向受众提供新闻事件的基本信息，如“谁、何时、何地、何事”，更通过解释和分析，揭示新闻事件背后的原因、影响、发展趋势及更深层次的含义。

其次，解释性报道的目的是帮助受众更深入地理解和把握新闻事件，增强其对新闻事件的认知能力和判断能力。解释性报道不仅停留在对新闻事件表面的描述上，还通过对事件背后的原因、动机、背景等进行深入的分析和解读，帮助受众理解事件的来龙去脉和内在逻辑。解释性报道会尽可能地收集与事件相关的各种信

---

[1] 刘英杰，魏巍．数字时代调查性报道思想政治引领力的现实建构：以《新闻夜航》栏目为例[J]．传媒，2023（1）：49-52.

息，包括历史背景、社会环境、政策因素等，通过全面、多角度的呈现，帮助受众了解事件的复杂性和多元性。

最后，为了更好地解释新闻事件，解释性报道通常会为读者提供大量的背景信息，包括事件的起因、历史沿革、相关政策等，这些背景信息有助于读者更好地理解新闻事件的意义和影响。解释性报道不仅会呈现事件本身的事实，还会通过采访专家、学者、相关人士等，收集他们的观点和看法，帮助观众了解不同利益群体对事件的看法和态度。

（二）调查性报道

调查性报道以其深入、系统、详细的报道特点，在新闻传播中扮演着重要的角色。它通过揭露社会的不良行为，推动社会正义和进步。记者通过长期而完整的积累、观察与调查研究，对某一或某类社会事实、社会现象进行深入、系统的报道。同时，调查性报道也要求记者具备高度的专业素养和职业道德，以确保报道的真实性和客观性。

1.调查性报道特点

调查性报道以揭示真相为目的，通过深入的调查采访和数据分析，揭露社会问题的真相和内幕。一是它通常关注一些被忽视或隐藏的社会现象，通过记者的努力，将这些问题呈现在公众面前。调查性报道需要记者具备高度的责任感和勇气，揭露真相往往会涉及一些敏感或危险的话题。同时，这类报道也需要记者具备扎实的调查技巧和严谨的逻辑思维能力。二是调查性报道诠释了民生新闻调查性报道的视域与本位特质，是党的群众路线在新闻实践中的具体运用，体现了新闻舆论工作的党性原则与人民性实践的统一[1]。调查性报道的报道详尽，提供事件的来龙去脉、原因、结果及影响等详细信息；篇幅长分量重，由于需要深入调查和分析，报道篇幅通常较长；由于需要进行大量的调查研究，报道周期往往也较长。

2.调查性报道的种类

在这个信息爆炸的时代，观众对于新闻的需求已经远远超出了单一的事实呈现，更多的是对事件背后的故事与真实性的洞察。这就要求在各个层次上不断地创新和突破，才能更好地适应受众的需要[2]。

---

❶ 夏恒瑾，陈和洲．调查性报道在媒体融合中的创新突破：以盐阜大众报报业集团所属媒体为例［J］．中国地市报人，2022（3）：146-148.

❷ 孙敏．融合传播语境下电视新闻深度报道创新探索［J］．记者摇篮，2024（1）：108-110.

（1）调研式调查性报道。调研式调查性报道，旨在调查清楚事实的真相，既不刻意批评，也不着意表扬，而是立足现实，面向未来，推动社会良性发展。调研式调查性报道是一种深度新闻报道的形式，它侧重于通过系统、深入和全面的调查研究，来揭示某一事件、现象或问题的真相、原因和影响。这种报道方式强调对事实真相的挖掘和呈现，以及对问题本质的深入分析和解读。报道不是仅停留在表面的现象描述上，而是深入挖掘事件或问题的背后原因、动机和利益链，以及它们对社会、经济、政治等方面的影响。

（2）追踪式调查性报道。追踪式调查性报道以新闻事实的深入追踪调查为主，字数和篇幅相对较少，但信息密集。追踪式调查性报道是一种重要的新闻报道形式，它通过深入追踪和持续关注，揭示事件的真相和发展过程，为读者提供更为全面、深入的信息。新闻产品质量的提升，得益于新闻采编人员"四力"的增强；而新闻产品的不断优化，反之也助力新闻从业人员提升"四力"[1]。在进行追踪式报道时，记者需要明确追踪目标、持续关注事件发展、采用多种手段进行采访和调查，并注意信息的真实性和准确性。追踪式报道强调对事件发展的持续关注，会跨越较长时间，报道事件的多个阶段。根据事件的特点和需要，记者可以采用多种手段进行采访和调查，以获取更为全面、深入的信息。

（3）揭露式调查报道。揭露式调查报道，重在揭露、批评各种违法违纪、有悖社会道德等的活动与丑闻。揭露式调查报道是一种具有深度和广度的新闻报道形式，它通过揭露真相、批判不良现象和错误行为，促进了社会的正义和进步。在进行揭露式调查报道时，记者需要具备坚定的立场、深入调查的能力和客观公正的态度，以确保报道的真实性和可信度。揭露式调查报道的选题通常具有一定的社会意义和新闻价值，能够引起公众的广泛关注和思考。记者需要进行深入的调查，包括采访相关人士、收集证据、查阅文件等，以获取第一手资料。在获取足够的信息后，记者需要对这些信息进行深入的分析和整理，揭示事件或问题的本质和真相。最后，记者需要将这些信息以文字、图片或视频的形式呈现给读者，让读者了解事件或问题的全貌。

（4）批判性调查报道。批判性调查报道，主要揭露社会上一些不正之风与不道

[1] 魏博．新媒体背景下电视新闻深度报道的传播力提升策略［J］．卫星电视与宽带多媒体，2024，21（7）：91-93.

德的行为。批判性调查报道是一种重要的新闻报道形式，它通过深入调查、分析和评论，揭示社会、政治、经济等领域的潜在问题、矛盾和冲突，并推动社会的进步和变革。在进行批判性调查报道时，记者需要具备坚定的立场、深入调查的能力、客观公正的态度和丰富的知识储备，以确保报道的真实性和可信度。批判性调查报道通常会对问题进行深入的调查和分析，以揭示其背后的真相和原因。深入性不仅体现在对问题的研究深度上，也体现在对问题所涉及的各种因素的综合考虑上。通过深度报道，让电视媒体在完成新闻传播的同时，挖掘出新闻背后的更多内容，创新深度报道的内容和形式，打造更多接地气、有温度的新闻作品，真正发挥出新闻媒体的社会价值[1]。批判性调查报道的目的不仅在于揭露问题，更在于推动问题的解决和社会的进步。因此，报道通常会提出一些具有建设性的意见和建议，以促进问题的改善和解决。

经典案例

《新闻夜航》（1999，黑龙江广播电视台卫视传媒中心）曾获得五一劳动奖状、中国电视新闻奖一等奖、十佳栏目、全国百佳电视栏目、中国广播影视大奖“荣誉新闻栏目”等荣誉。最初，节目在黑龙江卫视每晚20：30～20：40播出，每期节目10分钟。随后，节目时间延长至每天32分钟，并在21：20～21：52播出，周一至周六播出。2007年3月12日，《新闻夜航》扩容为60分钟，每天18：25播出。主要关注生活中的点点滴滴，报道理念是“关注民生，反映民意”。配备SNG直播系统，注重现场直播报道。增加与观众互动的环节，如通过短信和电话的方式直接参与到节目之中。

学生作品案例

在《河北特色》（2023，河北师范大学）这篇报道中，记者围绕河北各地的特色展开采访调查，分别采访了唐山、石家庄、邯郸和保定等地的同学，了解不同地区的饮食文化和风土人情。这种调查式采访，也让观众增强了对河北各地特色的了解。各个地区都有独特的文化和风景，吸引着越来越多的游客去当地欣赏和观看。

---

[1] 苏木金. 新媒体时代提升深度报道效果的路径分析[J]. 新闻研究导刊，2023，14（24）：88-90.

该报道可以提高河北各个地区的知名度，为河北文旅添砖加瓦，为河北旅游发展贡献力量（图4-3-2）。

图4-3-2 《河北特色》报道现场

（三）预测性报道

预测性报道是基于对当前新闻事件或社会现象的深入分析和研究，对未来的可能发生的事件、发展趋势或结果进行预测和解读的新闻报道。它通常结合专家的观点和数据分析，旨在为读者或观众提供前瞻性的信息，帮助人们更好地理解和应对未来的变化。首先，预测性报道需要记者具备敏锐的洞察力和深刻的分析能力，能够准确把握新闻事件或社会现象的发展趋势。其次，新媒体时代，碎片化和类碎片的新闻报道内容繁多，但缺乏深入和观点鲜明的报道，更需要新闻工作者双脚沾满泥土，心中向往星空，深入事件发生地[1]。最后，这类报道也需要记者具备广泛的知识储备和丰富的实践经验。

1.预测性报道的特点

全媒体时代为深度报道提供了更多元化的传播渠道。除了传统的报纸、电视等媒体外，深度报道还可以通过互联网、社交媒体等新兴媒体平台进行传播，扩大其影响力和覆盖面。这些新兴媒体平台也为深度报道提供了更多的互动和反馈机会，有助于提升报道的质量和效果。预测性报道具有以下几个特点。

（1）前瞻性。预测性报道关注未来可能发展的情况，具有明显的前瞻性和预见性。

---

[1] 伍一婷．深度报道短视频化的优势和出路探析[J]．视听，2023（5）：142-145.

（2）科学性。预测性报道通常基于大量的数据、事实和分析，采用科学的方法和手段进行预测，以确保预测结果的可靠性和准确性。

（3）多样性。预测性报道涉及的内容广泛，包括经济、政治、社会、科技等多个领域，涵盖了各种可能的发展情况。

（4）指导性。预测性报道不仅揭示未来的可能情况，还提供了一些应对策略和建议，帮助读者更好地应对未来的变化。

2.预测性报道方法

预测性报道的预测方法多种多样，包括以下几种方法。

（1）趋势预测。指通过分析历史数据和当前趋势，预测未来的发展方向和结果。

（2）情景规划。指基于不同的假设和条件，构建多个可能的未来情景，并分析每种情景下的可能结果。

（3）定量分析。指利用统计学、经济学等定量分析方法，对未来可能的发展情况进行预测和分析。

（4）专家访谈。可以邀请相关领域的专家进行访谈，了解他们对未来发展趋势的看法和预测。

三、全媒体时代深度报道面临的考验及建议

全媒体时代深度报道在信息全面性、权威性和公信力、媒体品牌形象、满足读者需求、促进舆论监督以及适应多元化传播渠道等方面具有显著优势。这些优势使得深度报道在全媒体时代依然具有不可替代的地位和价值。深度报道往往关注社会热点、难点问题，通过揭露问题、剖析原因、提出建议等方式，促进舆论监督的开展。全媒体时代，深度报道的这一功能更加凸显，对于推动社会进步、维护公平正义具有重要作用。

（一）深度报道的优势

全媒体时代，虽然碎片化、快餐式的信息受到部分读者的欢迎，但仍有大量读者对于有深度、有思想的内容有需求。深度报道能够满足这部分读者的需求，为他们提供思考、启发和参考。深度报道往往需要投入大量的时间和资源，这也体现了媒体对于新闻事业的专业精神和责任感。通过持续推出高质量的深度报道，媒体能

够树立专业、权威的品牌形象，提升读者对媒体的信任度和忠诚度。

1.信息全面性

深度报道的核心优势在于其信息的深度和全面性。全媒体时代，虽然信息呈现爆炸式增长，但深度报道依然能够通过深入挖掘、广泛调查，为读者提供全面、深入、详尽的信息，帮助读者更好地理解新闻事件的来龙去脉和背后的深层次原因。深度报道不是一蹴而就的，它承载一系列事实的脉络，呈现出动态性[1]。

2.权威性和公信力

深度报道通常经过严格的采访、核实和撰写过程，其权威性和公信力较高。在全媒体时代，虽然信息传播速度快，但信息真伪难辨，深度报道的权威性和公信力成为其独特的优势，能够吸引更多追求真实、准确信息的读者。

3.满足读者需求

深度报道往往加入了主持人和嘉宾探讨评论的元素，使得新闻报道从灌输模式转变为互动模式，通过解析、评论甚至提问，加深受众对新闻本身的理解和探究，从而大大加深了新闻报道的深度[2]。

（二）深度报道的挑战及建议

全媒体时代深度报道面临时效性挑战、阅读门槛较高、成本投入大、注意力分散以及竞争激烈等劣势。然而，这些劣势并不意味着深度报道在全媒体时代没有价值。相反，深度报道依然具有其独特的优势，如信息具有全面性、权威性和公信力等。因此，全媒体时代深度报道面临着多方面的考验，但也孕育新机遇。通过引入数据新闻、与新兴媒体融合、创新报道形式、加强选题策划和提升记者素养等手段，可以推动深度报道在全媒体时代的发展和创新。

1.深度报道面临的挑战

深度报道通常需要投入大量的时间和资源进行深入调查、采访和撰写，这导致了其时效性相对较差。当深度报道完成时，新闻事件可能已经不再是热点，读者的关注度可能已经转移，这使得深度报道的影响力受到一定限制。

---

[1] 王颖莉．从重大新闻事件看电视新闻深度报道优势[J]．新闻研究导刊，2015，6（16）：120.

[2] 李沁园．新媒体时代报纸新闻深度报道面临的挑战及应对建议[J]．中国传媒科技，2022（6）：47-48，70.

（1）时效性挑战。全媒体时代，信息的传播速度极快，社交媒体、即时新闻等新媒体形态使得新闻事件能够迅速被大众所知。对于新闻报道来说，是否具有时效性，会直接影响到传播范围和受众群体对新闻报道的认可程度[1]。

（2）阅读门槛较高。深度报道通常篇幅较长，内容深入、详尽，需要读者投入较多的时间和精力进行阅读和理解。然而，全媒体时代，人们的阅读习惯逐渐趋于碎片化和快餐化，对于长篇大论的深度报道可能缺乏耐心和兴趣。这导致了深度报道的读者群体相对较小，难以吸引广泛的关注。

（3）成本投入大。深度报道的制作成本通常较高，需要投入大量的人力、物力和财力。从选题策划、采访调查到撰写编辑，每一个环节都需要精心的准备和实施。然而，全媒体时代，媒体机构面临着巨大的经济压力，可能无法承担深度报道的高昂成本。这导致了深度报道的产出量相对较少，难以满足读者的需求。

（4）注意力分散。在全媒体时代，人们获取信息的方式更加多样化，注意力也更加分散。社交媒体、短视频、直播等新兴媒体形态不断吸引着人们的眼球，使得人们很难长时间专注于某一篇深度报道。这导致了深度报道的读者黏性较低，难以形成稳定的读者群体。

（5）竞争激烈。全媒体时代，新闻媒体的竞争日益激烈。尽管我们的总结分析性报道不少，但真正给人启示的、鲜明的、独家的思想观点并不多，很多报道流于表面现象[2]。为了吸引读者的关注，许多媒体机构更倾向于报道热点、猎奇、八卦等轻松、娱乐的新闻内容。这使得深度报道在新闻竞争中处于不利地位，难以获得足够的曝光度和关注度。

学生作品案例

《应急玫瑰》（2023，河北师范大学）："应急玫瑰"出现在河北师范大学校园中，有需要的人可以将这些玫瑰送给身边的人，可能是好朋友，可能是亲人，也可能是爱人。通过这种方式，留住青春的浪漫，共享友谊的浪漫。这种传递爱的方式体现了"5·20"的意义，不止在情侣之间，也在朋友和家人之间。而这些特殊的玫

---

❶ 齐淮东．直面挑战，发挥优势，加强和改进深度报道［J］．青年记者，2010（30）：51－52.

❷ 罗艳．全媒体时代电视新闻深度报道面临的挑战与应对［J］．西部广播电视，2018（16）：44－45.

瑰惊喜，也送给了即将毕业的同学们，希望他们将这份爱永远留存在河北师范大学（图4-3-3）。

图4-3-3 《应急玫瑰》报道现场

2. 应对深度报道考验的建议

可以通过引用数据新闻、与新兴媒体融合、创新报道形式、加强选题策划和提升记者素养这五种方式来应对深度报道的考验。

（1）引入数据新闻。通过数据分析和可视化手段，使深度报道更具吸引力和说服力。这有助于提升深度报道的时效性和可读性，使其更适应全媒体时代的信息传播特点。

（2）与新兴媒体融合。利用新兴媒体的平台和渠道，扩大深度报道的传播范围和影响力。例如，可以在社交媒体上开设专栏或账号，定期发布深度报道内容，吸引更多关注和讨论。

（3）创新报道形式。探索新的报道形式和手段，如短视频、直播等，使深度报道更加生动、直观。这有助于提升公众对深度报道的兴趣和参与度。

（4）加强选题策划。在选题上，应关注关系广大群众切身利益、社会影响力大、新闻价值性强的事件。同时，注重挖掘新闻事件背后的深层次原因和意义，提升深度报道的权威性和影响力。

（5）提升记者素养。加强记者的专业素养和综合能力培训，提高其对新闻事件的敏感度、分析能力和表达能力，有助于提升深度报道的质量和水平。要求记者不仅要有极高的专业水平，还要有统领大局的意识、超前的思维、敏锐的判断力，能够迅速发现新闻线索，对新闻事件及其发展趋势进行整体性的宏观判断[1]。

四、深度报道拍摄和制作形态

深度报道的拍摄和制作形态是一个综合且细致的过程，它要求记者和摄像师不仅要有敏锐的洞察力，还要有丰富的专业知识和技术。深度报道的拍摄和制作形态需要注重系统性、关键瞬间的捕捉、情感共鸣以及选题、策划、资料搜集、结构搭建和内容撰写等方面的综合考虑。同时，还需要注意新闻时效性、声音与画面的结合以及现场采访和挖掘等方面的问题。总之，深度报道的拍摄和制作形态是一个需要精心策划、细致执行的过程。它要求摄像师和记者具备丰富的专业知识和技术，同时也需要他们具备敏锐的洞察力和深刻的思考能力。只有这样，才能创作出具有深度和感染力的深度报道作品。

（一）深度报道的拍摄形态

深度报道的拍摄不仅是记录事件本身，还要通过画面传递情感。摄像师需要关注人物的表情、动作和眼神等细节，通过画面表达人物的情感状态。为了全面展示事件的全貌，摄像师需要从多个角度进行拍摄，包括远景、中景、近景、特写等。同时，也要注重拍摄一些能够体现事件细节的镜头。

1. 主题选择与策划

深度报道首先要求确定一个具有深度挖掘价值的主题。这通常涉及社会热点、重大事件、历史变迁等。拍摄前，摄像师和记者需要共同策划，明确拍摄的目的、角度和重点。

2. 现场勘查与准备

在确定拍摄主题后，摄像师需要进行现场勘查，了解拍摄环境的特点、光线条件、可能的拍摄角度等。同时，准备好所需的摄影器材、照明设备、道具等。

3. 捕捉关键瞬间

深度报道的拍摄需要捕捉到那些能够揭示事件本质、展现人物性格或揭示事件背景的瞬间。这要求摄像师具备敏锐的洞察力和快速的反应能力。

---

[1] 温洮. 电视新闻深度报道的基本逻辑与新形态：评《电视新闻深度报道（第二版）》[J]. 传媒，2023（8）：99.

4. 注重情感表达

在专业性上电视新闻深度报道仍具有不可替代的优势，新闻从业者和学习者应从底层逻辑上了解电视新闻报道的本质，培养深度的新闻思维，在内容制作和传播形式上与新技术接轨，形成电视新闻深度报道的新形态[1]。

（二）深度报道的制作形态

深度报道的四种制作形态分别为素材整理与筛选、编写文案、编辑与剪辑和后期制作。

1. 素材整理与筛选

拍摄完成后，需要对拍摄的素材进行整理和筛选。挑选出那些能够体现主题、具有代表性和感染力的照片和视频片段。

2. 编写文案

根据所选素材，编写深度报道的文案。文案需要清晰、准确地描述事件的全貌，同时融入摄像师和记者的观点和思考。

3. 编辑与剪辑

将选定的素材和文案进行编辑和剪辑，形成一个完整的深度报道作品。在编辑过程中，需要注意节奏、画面切换、音效等细节，使作品更加流畅、生动。对于电视新闻深度报道来说，配音和配乐是不可或缺的元素。配音需要清晰、准确地传达文案的内容，而配乐则需要根据报道的氛围和节奏进行选择和调整。

4. 后期制作

在后期制作阶段，可以加入一些特效、字幕等元素来增强作品的视觉效果和表现力。同时，也要注意检查作品的色彩、音质等细节问题，确保作品的质量。

（三）深度报道拍摄制作中需要注意的问题

深度报道拍摄制作中需要注意的问题包括重视新闻时效性、注重声音与画面的结合和强调现场采访和挖掘。因此，第三方求证就显得尤为重要，第三方求证是指向除当事人和有直接利益关系的人之外第三方取得的证据。

1. 重视新闻时效性

深度报道需要注重时效性，及时报道新闻事件，确保信息的准确性和新鲜性。

---

[1] 苏媛华．媒体深度报道应该注意的问题：以袁厉害事件报道为例［J］．管理观察，2014（29）：50-51.

2. 注重声音与画面的结合

电视新闻深度报道需要通过声音和影像结合的方式来动态传递信息，使报道更加生动、真实。

3. 强调现场采访和挖掘

在采访中必须抓住新闻事件的特点和本质，通过现场采访和挖掘获取更多有价值的信息和素材。由于热点事件、敏感事件一般比较复杂，记者在日常采访中不可能被所有采访对象接受，也不可能在短时间内完全、快速、准确地判断采访对象提供的新闻事实真伪。

（四）全媒体时代深度报道的再延伸

深度报道需要关注社会热点和民生问题，通过专业的报道和解读，引导公众对重大事件和问题进行深入思考。深度报道还可以借助社交媒体等平台，将报道内容传播给更广泛的受众群体，提高报道的影响力和传播效果。

1. 报道内容的深度化与专业化

随着信息时代的到来，新闻事件背后的复杂性和关联性日益凸显。深度报道不再满足于表面的新闻事实呈现，而是深入挖掘事件背后的原因、动机、影响以及与之相关的各种因素。这要求记者具备深厚的专业背景和丰富的知识储备，能够对新闻事件进行多角度、多维度的分析和解读。

2. 报道形式的创新化与技术化

全媒体时代，深度报道的呈现形式也在不断创新。除了传统的文字报道外，还可以运用图片、视频、音频、数据可视化等多种媒体形式，将复杂的新闻事件以更直观、生动的方式呈现给受众。此外，随着人工智能、大数据、虚拟现实等技术的不断发展，深度报道也可以借助这些技术手段，为受众提供更加个性化、沉浸式的阅读体验。例如，通过虚拟现实技术重现历史事件现场，让受众身临其境地感受新闻事件的震撼和冲击力。

3. 报道互动性的增强与社交化

全媒体时代，深度报道也需要注重与受众的互动和社交。通过社交媒体、在线论坛等渠道，记者可以与受众进行实时互动，了解受众的需求和反馈，及时调整报道方向和角度。同时，深度报道也可以鼓励受众参与报道过程，通过提供线索、分享观点等方式，增强受众的参与感和归属感。

学生作品案例

《科创产品设计大赛》(2023，河北师范大学)：河北师范大学科创产品设计大赛圆满举行，同学们怀着对机器人和科技的热爱，积极投身于机器人的制作和运用中。该新闻报道作品符合“创新促发展，探索新时代”的主题。报道通过对参赛人员的采访，增强了观众对科创作品和机器人的了解，使观众产生更多的兴趣去探索、发现这个领域的创新点，并找到自己热爱的科技产品(图4-3-4)。

图4-3-4 《科创产品设计大赛》报道现场

第五章

智能化新闻视听拍摄协同与新趋向

从文字传递、声音传播到视听结合、虚实融生的不同新闻发展阶段，技术的迭代发展使新闻生产方式与呈现形式更为具体、真实、可感，新闻叙事的视角也在硬件技术的影响下更加多元。首先，不同新闻发展阶段所面临的摄制难题与伦理边界都伴随技术赋予社会的新变化而转变，当动态影像新闻能够提供更为丰富的新闻信息时，大众获取信息及娱乐的途径也更为广泛。其次，当智能手机能够精准向受众传递信息时，井喷式爆发的新媒体平台使新闻传播途径不再局限于单向传播。最后，当智能化技术多维渗透视听内容生产全链路以及AIGC能够实现新闻媒体配置重组时，新闻领域从业者的新闻生产主体性则面临着挑战，传统意义上新闻传者与受者的身份在技术的影响下产生交叠，媒体既以传者的身份向大众发布新闻事实，又以受者的身份通过算法采集网络信息场域内大众发布或社会发生的事件进行报道。鉴于此，为更好地追溯智能技术赋予新闻领域的优势，应首先深入智能化新闻视听的范式重塑及表征相关内容。

电视影像新闻始于美国。20世纪40年代美国全国广播公司（NBC）和哥伦比亚广播公司（CBS）分别与厂商合作生产了16毫米摄影机和胶片，掀开了电视新闻动态、可视、有形的新阶段，直至1958年6月1日，我国第一条影像新闻《中共中央机关刊物〈红旗〉杂志创刊》正式播出[1]。视听技术的结合使新闻更为生动，现场感通过可视画面与同期录音传递给新闻受者，新闻报道从摄录同步、即时成像到虚拟演播室、智能“机器人”拍摄装备不断创新的实践路径，在数字技术赋能下面对新挑战、迎接新趋势、开辟新阶段、制定新规范。

真实性、即时性、准确性为新闻报道的主要特征。随着融媒体平台对大众信息获取途径的快速渗透，在保证新闻报道主要特征的基础上又提高了制作效率，成为新闻媒体进行数字化转型的适应性路径。鉴于此，新闻可定义为以电视、报纸、广播等传统媒体与新媒体平台为媒介，辅以人工智能、大数据、区块链等数字技术创作，对新近以及正在发生的事情进行客观的报道。一方面，传统电视新闻依据拍摄角度可分为录像报道与现场报道两类，现场报道较录像报道而言，增添了记者的形象，记者与摄像师在现场需以抓全面、抓细节为要求，拍摄记录新闻报道配套的基本信息。现场报道为确保事件的真实性，主要采取“抓、等、抢、偷”等方式，真实地记录事件原貌及事物的发展和变化，但常规的制作流程对新闻制作者提出了较

[1] 杨伟光，周经副．电视新闻分类与界定［M］．北京：中国广播电视出版社，1994.

高的专业素养要求，从前期内容采集到后期剪辑制作都需要专业人士进行严格把关，部分事件复杂、混乱、危险的拍摄环境，也将对记者、摄像师等新闻从业者的人身安全造成一定的威胁。另一方面，在人工智能技术的迭代发展下，新闻制作也迎来AI辅助新趋向，新闻实践在数字技术入局下优化其流程与报道质量。一是智能化拍摄技术打破传统新闻摄制模式，颠覆新闻生产底层逻辑；二是自动化人机协同新模式通过弱化机械操作专业性强度，实现新闻生产降本增效；三是AIGC在新闻领域的适用范围扩大，新闻实践要求在新质生产力的影响下发生新转向。

第一节 智能拍摄：技术迭代提升新闻报道质量

在技术赋能下，新闻事件发展过程与各阶段基本情况的拍摄阻力减小，智能算法对其完整性与细节性进行最大程度保留，使新闻呈现形式在充足的剪辑素材支持下实现精准度提升，与事件关联度小的“万能镜头”出场率降低。自动变焦、智能追踪、图像识别等依托AI技术实现的智能操作，以强专业性、高便捷性、低耗时性、弱操作性的特点转化新闻生产底层逻辑、增强新闻内容转化效率、提升新闻报道质量，新闻生产全流程在智能化技术协助下得以完善优化。

一、智能化拍摄技术提高画面完成度

智能化拍摄技术的运用能够提高新闻报道画面完成度，弱化因客观环境导致的“先天”画面缺陷。新闻报道为增强现场纪实效果、保留事件真实细节，极少在后期制作时进行艺术化加工。但突发类、灾难类等可控性弱、未知性强、危险性高的新闻事件，现场拍摄环境一般而言较为恶劣险峻，复杂的拍摄环境难以实现除简单布光之外的修饰方式。匈牙利裔美籍战地摄影记者罗伯特·卡帕曾说过：“如果你拍得不够好，那是因为你靠得不够近。”这句话也被部分新闻记者作为工作的基本法则，新闻记者为及时捕捉与报道重大事件，常在事件发生第一时间赶往现场，并通过近距离报道增强新闻报道的现场感与真实性。然而，近距离新闻拍摄对于新闻从业者而言具备一定的风险。罗伯特·卡帕作为20世纪最著名的战地记者之一，于1954年5月25日在越南拍摄时也因误入雷区而不幸身亡。鉴于

此，依托高精度传感器与AI技术实现的智能化拍摄器械与技术不仅可以实时改善新闻现场拍摄环境，而且通过远程控制、智能穿戴、增稳算法、自动对焦、自动曝光等技术使新闻拍摄画面满足观看需求，也为新闻从业者的生命安全增添了一道保障。

经典案例

索尼发布的增强分析单元REA-C1000（图5-1-1）的新版固件Ver5.0，新固件增加了PTZ自动跟踪许可证REA-L0200的PTZ智能中心构图功能，可实现跟踪主体，自动且平滑的移动，拍摄过程中支持平移、俯仰和变焦运动（图5-1-2）。进一步强化了REA-C1000的人工智能分析能力❶。

图5-1-1　增强分析单元REA-C1000

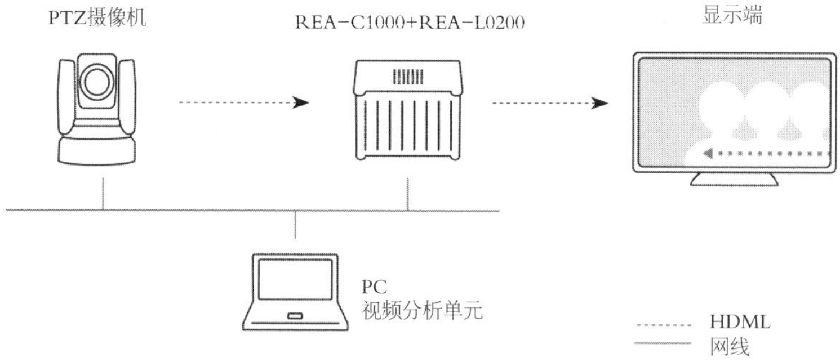

图5-1-2　新增PTZ智能中心构图功能示意

二、虚拟演播室开辟新互动路径

虚拟演播室系统使新闻报道在追求制作周期短、报道准确性高的基础上，开辟了除媒介互动、主持人互动之外的新互动路径。虚拟演播室系统是虚拟电视节目制作的总称，根据虚拟应用形式的不同可分为虚拟现实（Virtual Reality，VR）、增

❶ 佚名．索尼发布REA-C1000新版固件Ver 5. 0：支持PTZ智能中心构图功能，助力AI智能拍摄[J]．影视制作，2024，30（1）：103.

强现实（Augmented Reality，AR）、混合现实（Mixed Reality，MR）及拓展现实（Extended Reality,XR）等制作类型[1]。通过现场感强、互动性高的形式，调和新闻报道的严肃性、权威性、客观性。以“新闻客观评述”引导“大众主观情感”良性转化是新闻工作的重要任务之一。目前，虚拟演播系统入驻各地电视台演播室，依托智能渲染引擎在场景创建、影像表达、信息传递方面，表现出保真性、多样性、互动性等特征，实时实现后期制作前置化、虚拟技术实现非常规场景搭建、渲染引擎实现三维模型的二维呈现。传统电视新闻在虚拟演播室系统的加持下，使新闻受众的视觉体验、参与度、现场感持续提升，开辟了除电话、短信媒介的互动与主持人、嘉宾引导互动之外的新互动路径。

经典案例

广东广播电视台4K超高清虚拟演播室是按照4K超高清电视相关技术标准和要求建设的高标准的演播室系统，目前演播室已完成《全球零距离》等一大批日常栏目和专题节目的虚拟制作，其画面效果在质感、光效和动画效果方面都有很大提升（图5-1-3）[2]。

图5-1-3 虚拟演播室截图

三、智能化时代硬件技术迭代提升拍摄便捷度

智能化时代硬件技术迭代提升新闻拍摄便捷度，以轻量型创新贴合多元化新闻制作需求。从早期的磁带摄像机、摄像管摄像机、CCD摄像机到当前搭载高精度传感器的数字摄像机，新闻拍摄设备经历了从“低操作性”到“高操作性”，再到

[1] 傅煦栋，董礼明．虚拟演播系统在实景演播室的应用前景分析[J]．电视技术，2024，48（4）：214-216.

[2] 徐学明，李尔．4K超高清虚拟演播室设计与实施[J]．现代电视技术，2021（12）：67-71.

“低操作度、高智能化”的三个阶段，伴随感光元件、存储介质、格式标准的变化，其发展过程呈现出以下四个特点。

（一）拍摄便捷化

设备各项状态指标精确度提升与画面控制项增加实现拍摄便捷化，摄像师得以在低照度环境下拍摄出低噪点新闻影像画面，在高照度环境下进行清晰构图。在磁带录像机成功研制前，视听内容需通过磁带与胶片对声音和画面进行单独采集，繁杂冗长的剪接编辑过程加速磁带录像机的诞生，磁带录像机的存储与视听采集能力使其成为“磁带时期”新闻报道的主要设备之一，数字录像技术的发展让镜头画面各项状态指标更为精确，感光度、光圈、快门、白平衡等控制项也在人工智能技术的融合下越加智能化和便捷化，硬件设备也在技术迭代的过程中实现轻量化生产。

（二）辅助装置优化

各厂商对寻像器、稳定器、三脚架等外置辅助装置的生产，呈现出强适配性、低消耗性、高智能性、较轻量化趋势。新闻现场工作者在自然灾害、人为险情等特定环境下需要进行长时间拍摄，新闻摄制所需的外置辅助装置应在保证稳定、坚固的基础上，确保其强适配性、低消耗性、高智能型、较轻量化特征，以便在演播室外进行多维、复合、便携的新闻报道。

（三）跨媒体资源整合

摄制设备在数字技术的介入下实现跨媒体资源整合，在弱化制作者整合压力和简化工作流程时，减轻单一端资源处理负担。索尼便携动作捕捉产品mocopi通过六个小型传感器实现动作捕捉，相较于传统动作捕捉设备更为轻便小巧，且在索尼后续发布的mocopi电脑端应用程序与mocopi手机端应用程序加持下，产品通过多样连接方式进行实时动捕数据输入，通过数据驱动场景中的3D虚拟形象，当前该产品及配套应用程序不仅在电影、动画制作等领域具有较高的应用性，也能够在新闻虚拟演播室内通过跨媒体合作和相应插件辅助中提升工作效率。

（四）消除产品隔阂

数智时代新闻制作硬件可以消除产品隔阂，以高兼容性实现多态场景创作。松下、适马、徕卡等制造商在硬件设计上以高兼容性为趋向，新闻摄像师通过硬件的搭配拓展影像画面上限，以硬件优势叠加实现多态场景创作。

第二节　人机协同：自动化摄制流程实现新闻生产降本增效

智能化拍摄器械为新闻录像报道和现场报道摄制带来了新突破。传统的新闻采编协作模式存在前后期团队思路差异较大、事件溯源时间较长、信息转化效率较低等问题，而智能算法的入局为新闻从业者的基础性工作“代劳”、专业性工作“减负”。智能算法时代下自动化摄制流程已较为成熟，大型或小型集控系统都能够在预先设定的指令下，操控轨道摄像机器人、智能摇臂等器械辅助节目导演实现各个预期环节，通过算法规避高耗时、低回报的人力成本与高风险、低容错的人为错误。同时，新闻报道面对人力难以企及的非常规地形时，常会借助直升机、游船等交通工具辅助记者与摄像师拍摄，较大的人力、财力消耗也对媒体进行新闻制作产生了一定阻力。然而，伴随智能化拍摄机械的发展，“人力重创新、机械重制作”的人机协同模式逐渐渗透新闻生产全流程，自动化摄制流程实现新闻生产降本增效。

一、智能“机器人”拍摄装备

智能“机器人”拍摄装备自动化、远程化采集功能捕捉实时画面，以多维度视角实现新闻全时空报道。智能“机器人”拍摄装备是指利用人工智能技术进行自主控制和操作的摄像设备，可以通过预先设定的程序或实时指令来执行各种拍摄任务[1]。在体育新闻与时政新闻的拍摄中因避免影响赛事与活动的正常流程，常需要通过隐蔽的机位采集现场画面。固定的拍摄机位与非常规的拍摄角度对采集决定性、突发性瞬间产生一定阻力，预设的画面内容面临不符合新闻报道要求与镜头同质化的创作难题。遥控摄影机器人、水下遥控相机、轨道摄像机器人等智能化拍摄器械打破人力局限，在“有限”范围内拍摄出“无限”画面。

例如，遥控摄像机器人通过远程操控设备设定更改拍摄景别与角度，使摄像师在采集体育赛事决定性瞬间时得以确保画面质量；水下遥控相机设备以轻量化、实

[1] 刘进．智能“机器人”拍摄装备对影视领域的影响及前景［J］．电视技术，2024，48（1）：48-51。

时传输弱化拍摄对赛事的影响，以更灵活、更全面、更高清的镜头内容提升水下拍摄质量；轨道摄像机器人通过预设运动轨迹与速度，使田径赛事镜头采集更为平稳与清晰。当下，新闻实践在智能“机器人”拍摄装备集群化趋势下扩展拍摄视角与画面空间，预先设置与云端操控使“人机协同”和“器械协同”可控性提升，聚合性视听采集形式优化新闻生产全链路。

经典案例

体育赛事水下拍摄从简单防水罩保护到水下遥控相机远程取景，水下拍摄阻力逐渐减少、视角更加丰富、拍摄更为规范。2020年东京奥运会水下摄影器材安装在开幕前一周进行，各大媒体除了能够进行常规拍摄外，还能通过控制水下遥控设备进行远程拍摄（图5-1-4）。

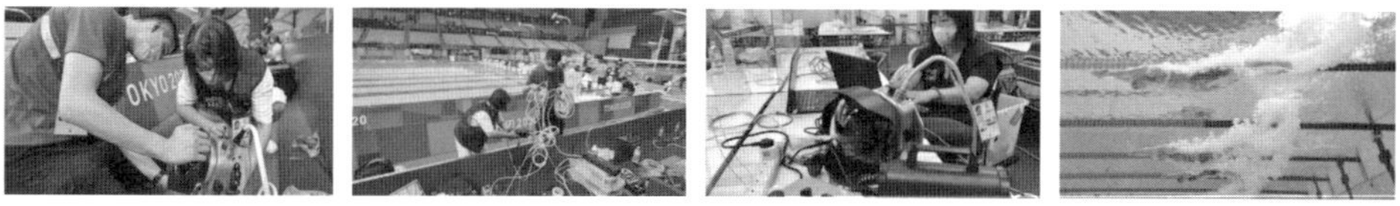

图5-1-4　东京奥运会水下设备安装与现场效果

二、智能剪辑与无人机航拍

智能剪辑与无人机航拍技术的创新融合为新闻报道提供了独特且开阔的视角，弥补演播厅新闻报道视角单一、场景封闭的不足。航拍可定义为借助航空飞行器或智能拍摄器械，从空中对地面和空中拍摄目标进行的持续性动态影像记录[1]。无人机最初应用于军事领域，后因其轻量化的设计进入新闻实践领域，但航拍在新闻领域的应用在20世纪已经屡见不鲜。其实，一些欧美国家的新闻机构，20世纪60–70年代就能够出手阔绰地调用直升机，不用说美国三大电视网NBC、ABC和CBS，就是纽约时报等主要平面媒体，在遇到重大突发事件时，往往都会动用直升

[1] 李峤雪. 无人机时代航拍技术的影像实践与审美突破[J]. 当代电影，2017（5）：154-156.

机直抵现场，直播加航拍是他们正常不过的“规定动作”❶。随着技术的迭代发展，航拍镜头也由早期的“直升机＋摄像师”空中直播模式，转变为当下的“无人机＋数字技术”实时采集模式，存储云端的影像资料依托智能剪辑技术实现实时动态剪辑，新闻受众不仅可以在全景式视角下获取更多即时性的新闻信息，而且能够在VR、AR技术的加持下获得更为沉浸式的新闻体验。无人机航拍通过鸟瞰式、纪实性镜头还原自然风光所能带来的视觉震撼，通过全景式、持续性拍摄记录事件发展全过程，在降低新闻生产成本和提高新闻输出质量的基础上，给予新闻受众更为即时、直接、真实的视觉体验。

经典案例

新华社推出的《无人机航拍：换个姿势看报告》（图5-1-5），新闻中运用无人机航拍全景全知视角，呈现了城市楼宇、交通、海、河等航拍画面，用AR一景一数据的方式进行融入，虚实场景结合提升了传播力和影响力❷。

图5-1-5　新华社《无人机航拍：换个姿势看报告》截图

❶ 刘育璁，田璐．无人机航拍：新闻报道的“新视角”［J］．新闻与写作，2017（4）：75-77.

❷ 陈蔷伊，邓东林．无人机航拍在电视新闻报道中的创新应用［J］．中国广播电视学刊，2020（5）：117-119.

第三节 采写编评：数智技术赋能新闻生产全链路变革

在新闻生产门槛降低与“把关人”概念被新媒体平台双向传播机制消解的影响下，新闻报道辞屏尺度与边界伴随非新闻领域工作者的介入而逐渐模糊。“辞屏”是对现实情况进行真实阐述的基础上进行“遮盖处理”，以引导观众或读者处于被构建的环境中。在文化多元化的网络场域平台用户在信息茧房与壁垒的阻碍下难以进行多视域事态分析，非新闻领域工作者以对立性强、讨论度高的事件进行账号引流，用户在信息认同感的促使下成为新闻事件传播发酵的多级势能，新闻报道真实性在追求传播速度与大众关注度的同时不易于得到保障。然而，数智技术与虚拟现实技术的迅速发展使新闻领域在智能传播语境下实现生产关系的重塑，除智能技术与硬件设备的迭代融生外，新闻工作采集、写作、编辑、评论全链路也在5G、VR、AR、MR、区块链等数智技术赋能下发生颠覆性变革。生成式人工智能将为广电的创意策划、信息获取、创意内容生产、渠道分发、运营推广、效果评估、内容治理等各环节提供数智化的解决方案[1]。人工智能技术在推动新闻领域发展过程中，以其高效、快速、准确的优势成为驱动信息生态场域内容产出的核心动能，能够在确保新闻信息采集准确性、文稿撰写专业性、内容发布时效性、评论阐述客观性的基础上进行智能化产出。

一、信息监测与收集

数智技术与多模态大语言模型以其强大的数据处理能力辅助新闻工作者进行信息监测与收集，智能传感器技术与AIGC技术弱化海量数据施与新闻生产主体的事件挖掘压力。ChatGPT、豆包、文心一言等大语言模型通过自然语言学习和大量人工模型训练后，能够对海量数据进行选题价值与新闻价值判断，并且根据各媒体的差异化训练整合出针对不同新闻类型的数据资料，减少新闻策划贴近性弱、信息真实性低、选题同质度高的风险，利用算法与模型进行新闻舆论预监测。同时，基于智能传感器技术进行数字采集整合的新闻生产模式在信息收集和事件调查环节具

[1] 孙蕾蕾．“虚拟”与“现实”的技术重构与再造：数智技术驱动下的视听内容生产变革［J］．当代电视，2024（6）：16-21．

有较高的应用性与便捷性，检测装置通过感知周边环境的细微变化实时传输并共享数据，在新闻、农业、交通、消防等多个领域均有广泛应用，传感器新闻（SN，Sensor Journalism）以全景多维视角与细微环境感知全面、快速、精准地收集信息，成为新闻领域信息采集与资源整合的重要工具之一。例如，新华社早在2017年推出的人工智能媒体平台，被称为“媒体大脑”，它可以借助传感器设备，进行24小时全景式的搜集与采集信息，其中最为代表性的是2017年7月21日浙江省杭州市古墩路灯彩街旁的楼房起火爆炸事件，新华社利用最新推出的人工智能媒体平台“2410”，对古墩路灯彩街附近的摄像头传感器进行实时数据的信息采集，同时还发布多条与此事件相关MGC快讯❶。

二、文稿及脚本撰写

生成式人工智能技术通过深入学习能够聚焦单一领域进行新闻文稿及视频脚本撰写工作。传统新闻文稿撰写与视频脚本为确保内容的全面细致，常以固定的模板形式进行撰写。

新闻从业者依托大语言模型对不同新闻写作模板进行针对性训练，能够有效提升新闻写作环节的工作效率，并弱化因前期信息掌握度不足而产生的信息差对撰写工作的消极影响。例如，中国科学报的“小柯”以英文论文摘要为基础，可以快速“写出”中文科学新闻底稿；《洛杉矶时报》设立的“震灾新闻bot”，会对所有震级3.0及以上的地震自动撰写新闻快稿❷。同时，文稿与脚本是决定新闻传播范围与受众接受程度的重要因素，其所使用的视角、结构、方法都将影响新闻作品呈现的效果，而新闻作品直接关系到受众的观点看法，进而使网络生态场域中新闻舆论的走向发生转变。多模态大语言模型在信息充足的基础上能够客观、快速、全面地生成新闻文稿与视频脚本，并通过对阅览量高的优质作品进行学习后可以有效进行文本优化，以受众接受度高的传播形式进行文本写作工作。

❶ 童瑾．继承、突破与变化：传感器新闻的应用与优化[J]．传媒，2023（14）：59-61.

❷ 刘芸丽，梁栋，常琳，等．AIGC时代深度报道的边界重塑[J]．传媒，2024（12）：20-22.

三、软件、平台同人工智能技术深度融合

新闻编辑所需软件与平台同人工智能技术深度融合。数智技术融合发展使新闻生产后期前置化、编辑智能化、受众精准化。如Final Cut Pro X、剪映、快影等音视频剪辑软件推出多项AI功能，从光影色彩调整到智能成片、智能口播等功能的更新发展中持续以AI技术简化剪辑流程。北京快手科技有限公司旗下的视频剪辑软件快影中，插入团队自研视频生成大模型KLING，在搭载海量素材库的基础上提升软件实用性、实现AIGC技术易用性。此外，人工智能技术与虚拟现实技术在新闻虚拟演播系统中的应用也使新闻制作后期前置化，虚拟场景的创造弥补新闻演播室录制临场感弱的缺陷，并通过实时渲染技术减轻后期负担。例如，2021年中央广播电视总台财经节目中心制作的《2021财经榜》首次使用UE4进行虚拟场景制作搭建，节目团队以高质材质贴图和立体的灯光效果实现“虚实融生”，并通过增添真实道具增加节目互动感。该系统是制作PC、游戏主机及VR和AR平台高品质游戏的一大利器，可实现实时渲染并输出视频的功能，完成可视化的沉浸式观看体验❶。

四、新闻评论形式拓展

人工智能技术加速新闻评论形式拓展，以强预测功能锁定适应网络舆论场域、具备较高新闻与社会价值的焦点事件和话题。传统信息场域中新闻评论具有较强的工具性，通过塑造垂直类新闻的时政性提升媒体的公信力。新媒体平台与网络社交平台赋予用户的分众性与自主性，又使用户在接受信息时拥有发表相反意见的权利，尤其在主流媒体新闻评论为追求时效性而贸然使用媒体监督权时，在专业、复杂、多元的舆论场中错误、不实、具有歧视性的观点容易引起大众的不满，从而使媒体失去其公信力。媒体在互联网经济的快速发展下从“自上而下”的单向传播模式转变为“相辅相成”的双向监督模式，仅通过新闻领域从业者独立思考形成新闻评论难以达到全面、多维、准确的撰写要求，但通过算法的数据分析与处理能力进行选题、舆论预监测和管控，将有效降低舆论不可控的风险，并通过分析所得出的

❶ 杨晓蕾，唐珂. 虚拟技术在财经新闻中的应用[J]. 电视研究，2023（1）：103-105.

传播规律拓展新闻评论形式。

第四节 AIGC：新质生产力发展下新闻传者与受者的身份转换

新质生产力指具有高科技、高效能、高质量特征，符合新发展理念的先进生产力质态[❶]。2023年7月13日，澎湃新闻援引路透社报道：美联社与Chat GPT的开发公司Open AI达成协议，授权Open AI使用美联社部分新闻存档，以探索生成式人工智能在新闻领域的应用[❷]。2024年中国春节假期尚未结束，曾发布Chat GPT的Open AI公司又扔下一记重磅炸弹，发布了新的生成式人工智能模型Sora[❸]。AIGC作为在新闻实践能够高效、高质生成相关内容的技术，成为助推该领域智能化转型的新质生产力（图5-1-6）。新闻从业者通过依托生成式预训练模型构建的自然语言处理工具，提前预测大众在地缘关系影响下对新闻事件的态度与看法，实现网络舆情预监测、预追踪、预管控，并持续扩大AIGC作为新质生产力在新闻实践中的应用场景。辅助进行新闻内容生产创作是生成式人工智能在新闻创新中的主要应用，既包括资料整理等流程性辅助，也包括直接参与生成文章、图片或视音频等正式内容[❹]。

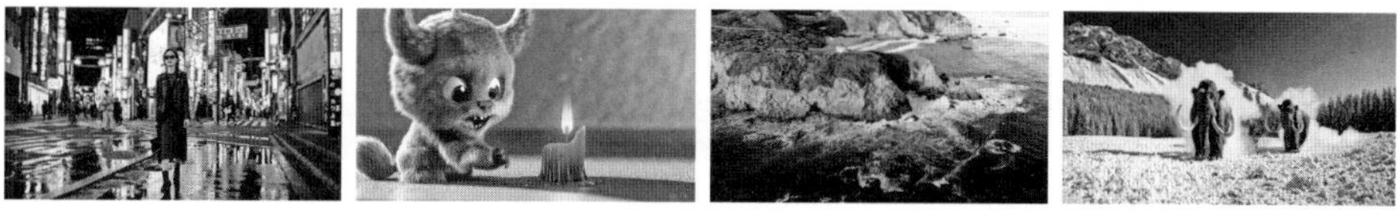

图5-1-6　生成式人工智能模型Sora生成视频截图

生成式人工智能依据其功能主要分为四类：一是文生文（Text-to-Text）功能，

❶ 何强，杨崧，曾学真，韩金洋. 智能技术引领新闻样态革新：新华社全国两会报道的虚实融合实践[J]. 传媒，2024（9）：19-20.

❷ 郝雨，文希. AI嵌入新闻生产的强势与限度：人机关系视域下ChatGPT与记者的新闻职业主场争夺[J]. 编辑之友，2023（11）：52-58.

❸ 陈力丹，荣雪燕. 从ChatGPT到Sora：生成式AI浪潮下强化新闻专业意识的再思考[J]. 新闻爱好者（上半月），2024（4）：4-8.

❹ 周葆华，陆盈盈. 生成式人工智能影响下的新闻生产创新：实践与挑战[J]. 青年记者，2024（3）：4-11.

是指AI模型凭借其强大的语言理解和推理能力，根据用户输入的文字需求，智能输出文本内容的能力，目前文生文功能仍然存在生成文字生硬、段落模板化严重、引用数据不准确等问题；二是文生图（Text-to-Image）功能，是指AI模型能根据用户文本指令和描述，自动生成匹配的图片的能力，目前文生图功能风格化借鉴痕迹较重、细节生成不精准、人体理解不到位等问题；三是文生视频（Text-to-Video）功能，是指AI模型仅需通过影视创作者的文本描述，即可自动生成高质量的视觉内容的能力，目前文生视频功能缺乏对传统拍摄方式的深入理解，无法通过文本描述准确实现推、拉、摇、移、跟、升、降等基础运镜，且存在长视频生成困难、生成对象前后不统一等问题；四是文生音频（Text-to-Audio）功能，是指AI模型依据音频风格描述与歌词，实现多语言、多样化音乐定制的能力，目前文生音频功能所创作的人声机械感较强，以及同段音频前后风格混乱等问题[1]。生成式人工智能虽然在现阶段仍存在一定局限性，但其强大的内容生产能力使新闻传者与受众的身份进行适应性转换，新闻报道也从自“上”而“下”的单线性传播中脱离出来，AIGC也在生成式预训练模型的持续演进下对新闻报道提出新的制作要求与行业规范。

一、生成式人工智能模型的发展

生成式人工智能模型的颠覆性发展建立协同性新闻生产机制，新闻传播者在智能算法的助力下转换为核查者与加工者。对潜在采用机构来说，传统媒体、通讯社对于试水AI做新闻项目更为积极，表现为新闻创新的动力和全球传播的业务需要[2]。一是融媒体时代新闻报道需求量高，人工智能在数据采集、挖掘、整合上具备多维优势，能够提升前期新闻报道在地缘关系影响下热点搜索和主题确定的准确性。在地缘关系影响下，不同地域受者对同一新闻事件看法差异较大，智能算法以自动化、精准性、高效性的关键词采集方式，辅助新闻从业者获取各大平台的最新资讯，并在区块链技术的辅助下降低数据失实的可能性，最大程度保

❶ 张蓝姗，徐瑷桐．变革与重构：Sora在影视创作中的应用与挑战[J]．中国电视，2024（4）：84-91.

❷ 方师师，贾梓晗．AI如何做新闻：基于全球106个案例的分析（2017-2022）[J]．青年记者，2023（1）：56-59.

证新闻报道的地缘性、正确性、即时性。二是传统媒体与主流媒体新闻报道写作模式化程度高，生成式人工智能写作模型通过输入创作指令与基础文本信息，能够快速高效完成针对性写作。短视频新闻之所以能够在新媒体平台与众多去中心化内容“同台竞技”，不仅在于其信息报道的即时性，更在于视频文案所体现出的人情味与文学性。因此，模式化、流水线式写作不应该成为GPT的训练目的，以情绪化海量数据生成的能够引发大众情感共鸣的模型为传者“代劳”，才是“人机协同”的最佳状态。三是新闻报道素材后期制作成本较高，OpenAI、Runway等人工智能研究公司致力于开发模拟现实世界物理效果的世界模型，技术链条的持续升级为新闻生产提供高保真AIGC素材。伴随技术链条的持续升级，文生视频长短从三秒延伸到一分钟，在对现实世界物理效果模拟与人类情绪理解方面不断突破上限，如若后期生成式人工智能模型可以实现对现实世界物理效果的全真模拟，新闻实践将能够在高效的环境中准确、真实、具体地再现事件发生过程。

二、生成式人工智能模型的娱乐化“下沉”

生成式人工智能模型的娱乐化“下沉”助推大众自发性生产新闻，新闻受者在智能算法的影响下转换为制作者。一是通过音频驱动智能视频生成的肖像说话（Talking Head，以下简称为TH）技术降低人工智能模型使用门槛，打破新闻制作专业性壁垒。TH技术在弱条件下实现规模化应用赋予大众制作专业性内容的可能，利用音频驱动生成运动信息避免高耗时建模技术铸造的专业壁垒。二是AI视频井喷式爆发导致虚假信息传播范围扩大，反推大众新闻素养提升。伴随生成式人工智能模型使用的便捷性提升，数字分身、声音克隆、虚拟场景生成在渗透新闻制作专业领域的同时，也以娱乐化的方式进入各年龄圈层，信息造假、虚假传播成本降低，但大众新闻素养在学习使用AIGC工具时持续提升，相关政策与法律在技术升级的过程中同步跟进。

三、瓶颈与难题

生成式人工智能在新闻实践领域的应用也面临着一定的瓶颈与难题。

（一）“算法偏见”

智能算法在地缘关系和圈层文化的影响下，容易因训练所选数据偏差性较小导致“算法偏见”。数据丰富度缺乏的症结在于：第一，在一些新兴专业领域，还没有相对完整可用的数据库；第二，没有被广泛接受的“数据标准”导致了数据库相互不兼容的分散局面；第三，对于依赖过往经验或模式的算法应用来说，历史数据的不易获得性也会成为一种较大的障碍；第四，由于隐私法规或道德问题，部分敏感或机密信息可能无法公开或访问，数据成为一种“非公共性”资源；第五，某些领域或组织还存在阻碍数据共享或发布的文化和制度障碍，数据在世界不同地域和领域中的流动受阻[1]。

（二）版权不明确、算法不透明

基于生成式人工智能模型训练出的作品存在版权不明确、算法不透明等争议性问题。自Chat GPT发布以来，多家媒体在用户社区中征集用户对AI生成内容的看法，以“自媒体”平台Medium社区为例，众多用户提到算法透明和披露的必要性[2]。AI著作权自AIGC进入大众视野以来一直作为社会热议的话题，AI作品从制作过程来看已经具备前期策划、中期制作、后期调整三个阶段，是创作者通过使用工具并耗费时间将创想落地的结果。然而，AI作品若对自然人肖像权、名誉权、隐私权等人格权有所侵害，则面临产生侵权纠纷的可能，生成式人工智能模型所用数据应在被授权的条件下进行训练。

（三）效率与精度的“双重失衡”

AIGC在新闻实践领域的应用存在效率与精度的“双重失衡”。当下，大众对AIGC的个体化理解差异较大，一部分群体则认为AIGC即利用AI工具“一键式”生成完整作品的创作模式，另一部分群体认为AIGC即借助AI工具“加工式”完成完整作品的创作模式。在新闻实践的过程中，基本以“加工式”创作模式确保其内容精度，细节处理不到位的素材需要大量的人力成本进行修正，但所呈现效果却在技术加持下让受众审美降级。因此，AIGC在新闻领域的应用需在平衡效率与精度且确保人情味的基础上进行。

---

[1] 吴小坤，邓可晴. 算法偏见背后的数据选择、信息过滤与协同治理[J]. 中国出版，2024(6)：10-15.

[2] 陈莎. 生成式AI在新闻生产中的应用、现实问题及其应对[J]. 青年记者，2023(19)：57-59.

经典案例

2024年2月，阿里巴巴通义实验室发布生成式AI模型EMO，并成功将其产品化。EMO通过音频驱动图片中的目标人像，并实现在弱条件下生成高质量的动态视频，且模型在训练时对音频中蕴含的人类情绪进行理解与模仿，人物口型、表情与姿势都较为自然（图5-1-7、图5-1-8）。

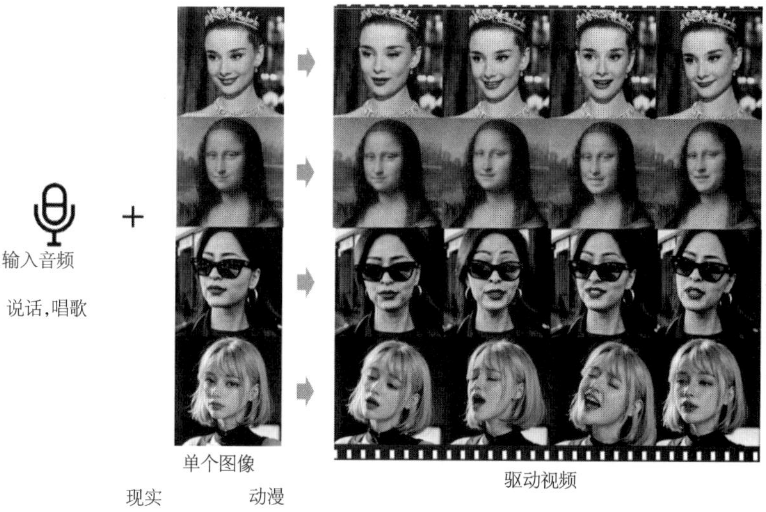

图5-1-7　EMO生成效果示意

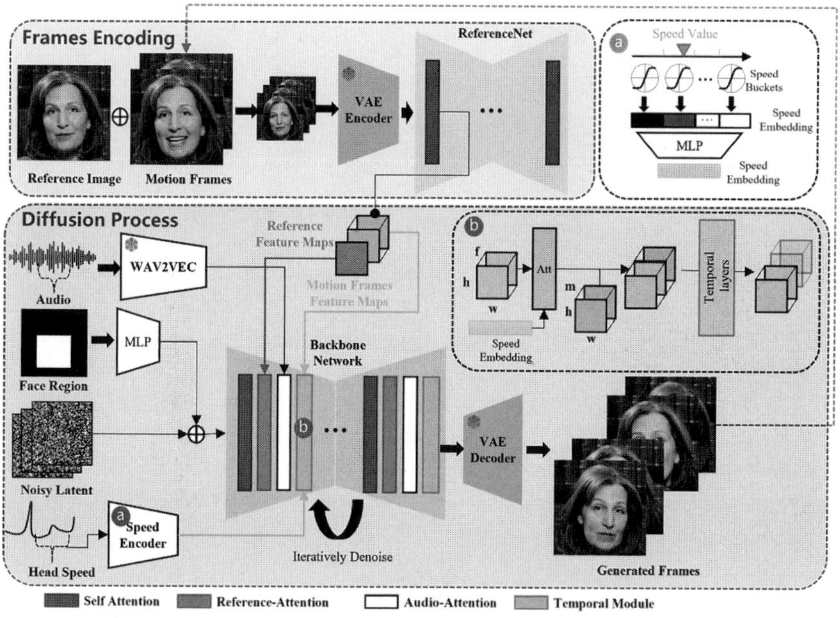

图5-1-8　EMO模型工作原理图

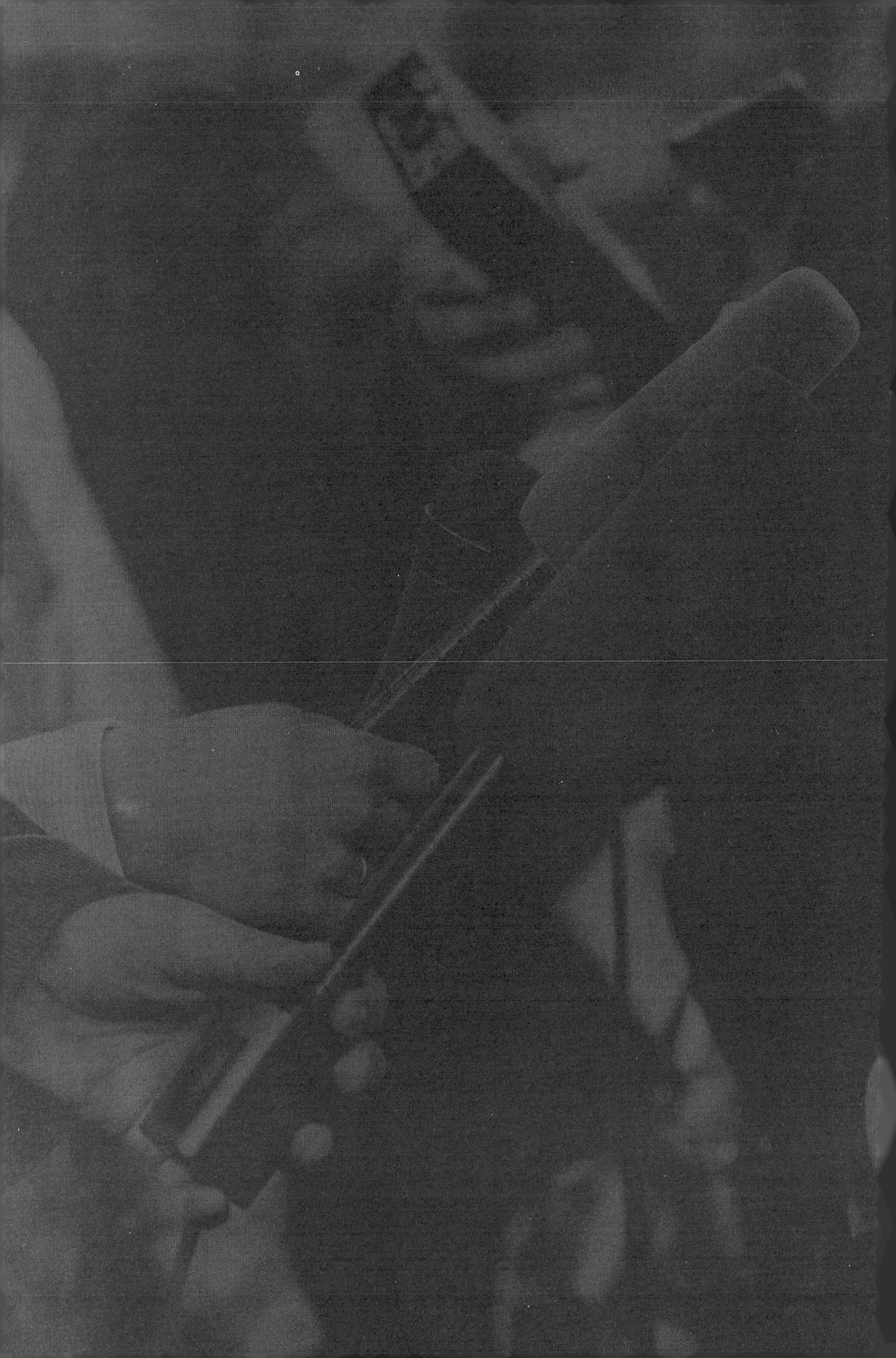

第六章

智能化新闻摄像的技术基础与应用

随着科技的飞速发展，智能化技术在新闻摄像领域的应用日益广泛，深刻地改变了新闻视听拍摄的方式与形态。从5G与VR技术的融合应用，到4K/8K超高清技术的普及，这些技术创新不仅为新闻报道提供了更为丰富、逼真的视觉体验，还极大地提升了新闻传播的时效性和互动性。此外，智能手机与机器人摄像的引入，标志着新闻行业向智能化转型的又一重要里程碑。这些创新工具不仅提升了新闻拍摄的便捷性与灵活性，还通过自动化、智能化的拍摄方式，极大地丰富了新闻内容的多样性与互动性。它们与5G、VR、4K/8K等技术的协同作用，共同推动了新闻视听拍摄的全面升级，为新闻行业开创了一个全新的生态格局。

第一节　5G与VR技术的应用

5G（5th Generation），即第五代通信技术的运用，具有高速率、低时延、大连接的特点，能够提升远程拍摄与实时传输的可靠性，为新闻直播与即时报道提供有力支持。从专业通信角度给5G定义的三大应用场景是：eMBB（增强移动宽带），URLLC（高可靠低时延连接），mMTC（海量物联）[1]。增强移动宽带，意味着更高速与高容量的网络，5G正式商用时，无线接入速率可以达到每秒1G左右，可以更好地承载全息影像中多维度视频信息；高可靠低时延连接，低时延的高速率、高清视频传输，使得AR/VR在5G时代进一步推进。

受4G技术及宽带网络速率限制，传统电视直播的实际像素只能达到1080p，也就是高清画质。而利用5G网络的Gbps（交换带宽）级速率可以实现VR超高清视频传输，电视直播的清晰度可达到全高清视频的4倍[2]。5G技术的卓越宽带容量与超低延迟特性，为超高清视频内容的流畅传输构建了稳固的网络架构与呈现平台。在电视直播的实际操作中，通过无缝集成全景摄像机、VR编码与解码设备以及视频播放终端，实现了VR超高清视频直播的便捷化实施。这种基于5G+VR的直播方案，凭借其高效的数据传输能力与几乎无感的延迟表现，不仅支撑了大屏幕

---

❶ 陈昌凤．媒体融合：策略与案例［M］．北京：中国社会科学出版社，2019.

❷ 康琳．5G时代超高清VR全景直播系统的关键技术及其应用［J］．天津科技，2024，51（5）：95-96，100.

高清信号的即时回传，还赋能了新媒体环境下手机终端的实时直播体验，观众则通过观看直播内容实现跨越时空的新闻参与感。

虚拟现实（VR）技术的运用在很大程度上再造了新闻场景，为新闻报道带来了前所未有的沉浸感和互动性。首先，VR技术通过模拟三维环境，为受众提供身临其境的沉浸式体验。在新闻摄像报道中，VR技术可以再现新闻现场，使受众仿佛置身于新闻事件之中，以第一人称的视角观察和感受新闻事件，增强了新闻报道的感染力和说服力。其次，VR新闻不仅限于单一视角的呈现，而是可以通过全景拍摄技术捕捉新闻现场的每一个细节，为受众提供360°无死角的观看体验。最后，这种多维度的呈现方式，使得新闻报道更加全面、客观，有助于受众更深入地了解新闻事件的全貌。

经典案例

2015年9月国内推出首部新闻片《山村里的幼儿园》(图6-1-1)，受众可以通过滑动手机屏幕360°观看孩子们生活的环境，更可以借助VR设备以孩子的视角、三维的空间进入整个新闻故事。这种带给受众的震撼感、代入感很难用文字去描述，对于传统媒体来说都是有心无力的。新闻报道应用VR技术，突破了画框的限制，通过多层次、多角度的画面拍摄，利用特有的模型构建功能再现了整个新闻现场的三维空间，实现了视觉、听觉、触觉的联动作用，让受众在观看新闻时能够体验到是来到了现场，受众会感到更加真实，这也是VR技术给新闻报道带来的最大改变[1]。

图6-1-1　AR新闻片《山村里的幼儿园》片段截取

[1] 武振宇. VR技术在电视新闻中应用探析[J]. 中国传媒科技，2018（4）：80-81.

第二节　4K/8K超高清技术在新闻拍摄中的应用

随着4K/8K超高清视频技术的出现，传统的电视新闻逐渐被高清电视新闻所取代。高清摄像机能够使新闻画面更加清晰细腻，色彩更加饱满真实，使新闻报道的现场感和真实感大大增强，为观众带来沉浸式的观看体验。

4K/8K摄像机能够提供更高的像素和垂直分辨率，使画面更加精细和清晰，采用先进的视频编码方案，拍摄出的画面色彩层次丰富饱满且过渡自然无噪点。一方面，4K/8K摄像机与传统摄像机最大的区别就在于所捕捉的图像分辨率和质量。4K技术提供3840像素 ×2160像素的分辨率，是传统高清（1080p）的四倍，而8K技术更是达到了7680像素 ×4320像素，进一步增强了画面的细节和色彩表现力。另一方面，传统摄像机采用的成像器件为感光耦合组件（Charge-Coupled Device，CCD）或互补金属氧化物半导体（Complementary Metal Oxide Semiconductor，CMOS），4K摄像机则采用了更为先进的传感器技术，以确保更高的图像质量和更细腻的画质表现。例如，SONY-F55是索尼公司于2012年11月推出的CineAlta系列4K高清数字电影摄影机，是XDCAMEX系列的旗舰型号，使用了单片ExmorSuper35mm4KCMOS，支持高速连拍或多格式拍摄，可以应对多种不同的拍摄要求，具备低光照环境下拍摄的能力，可以在光线较暗的环境下拍摄出清晰稳定的画面，非常适合新闻现场拍摄。SONY-F55还支持多种不同的拍摄格式和后期制作方式，可与其他设备进行连接和传输，进一步提高新闻制作的效率和质量。

一、高清电视摄像机的特点

相较于标清摄像机，高清摄像机在基本操作模式、开关布局及外观设计上保持相似，其显著区别聚焦于记录格式的革新。电视画面的清晰度，作为衡量图像细节与色彩过渡精准度的关键指标，高清摄像机在此方面展现出显著优势，其清晰度的大幅提升直接使画质得到飞跃提升。除硬件基础外，光线方向、性质、明暗对比及光照强度也成为影响高清画面清晰度的不可或缺因素。

（一）清晰度高

高清电视摄像机以1920像素 ×1080的像素阵列为核心，以高清晰度丰富了观众的视觉体验。高清电视摄像机像素密度是标清摄像机的五倍之多，且采用16：9

宽屏比例，这一设计不仅拓宽了视野范围，还极大地丰富了记录内容的层次与细节，为观众带来沉浸式的视觉体验，开启了全新的观赏维度。其拍摄的电视节目，在光影运用与构图艺术上，均趋近于电影级别的细腻与考究，然而，伴随而来的是庞大的数据量，这对后期制作技术提出了更为严苛的标准与要求。此外，从拍摄技法层面审视，高清摄像机的16：9画幅相较于标清摄像机的4：3画幅，不仅在画面比例上有所突破，更在构图构思、光线调控等方面提出了全新的挑战与标准，促使拍摄者在创作过程中需采取更为严谨与创新的拍摄方式，以适应高清时代对视觉艺术的高标准追求。

（二）宽画幅

在构图方面，宽画幅提升画面叙事能力精准度。高清摄像机在拍摄的时候必须明确其画面的主题，而在拍摄人物的时候，因为高清电视采用16：9宽画幅的原因，必须要对人物之外的画面进行填补，否则就会令画面产生一种空旷的感觉。16：9的宽画幅会令画面十分敏感，只要摄像机有一些轻微的晃动，就很可能会令拍摄出来的画面产生明显抖动.所以在使用高清摄像机拍摄的时候，最好采用三脚架固定的方法[1]。

二、高清电视新闻摄像手法的变化

高清摄像机的采用意味着对拍摄手法的精细调整与策略性变革，这要求摄像师不仅要熟悉高清摄像机的技术特性，还需深入理解高清画质对于光线、色彩、景深等元素的敏感性，从而通过优化构图、调整曝光、控制焦距等手段，最大化地发挥高清摄像机的优势，确保在捕捉细腻画面与丰富细节的同时，保持视觉效果的清晰与逼真。

（一）画面构图

1.画面内信息量显著增加

超高清技术采用的16：9宽屏画幅，相较于标清的4：3画幅，拓宽了视野，使得画面内信息量显著增加。这一变化促使摄像师在拍摄时更加注重画面的整体布局与细节捕捉，以确保观众能够充分解读画面中的信息。因此，在后期制作中，固定镜头的使用时间相应延长，以给予观众更多的解读时间。同时，为了保持画面的流

[1] 李炎．高清时代的新闻摄像[J]．西部广播电视，2015（2）：97-98.

畅性与节奏感，摄像师还需加快镜头摇摄速度，以适应水平运动物体在屏幕上停留时间延长的特点。

2. 优化构图

16：9画幅的引入对画面构图提出了更高要求。由于画幅宽度增加了15%，摄像师必须更加谨慎地处理画面四角，避免不必要的物体入镜，影响画面质量。此外，超高清技术还强化了线条在画面上的延伸感与透视感，要求摄像师在构图时注重形状、主体与陪体的位置关系，确保画面既具对比性又不失平衡感。

3. 优化采访场景

在新闻人物采访或现场报道中，超高清技术的优势尤为明显。传统的标清电视受限于4：3画幅，通常采用内反拍手法处理采访场景。而超高清技术则充分利用16：9画幅提供的充足横向空间，采用外反拍手法，让采访者与被采访者互为前景，既解决了近景镜头画面平衡难的问题，又增强了新闻节目的真实性与现场感。

（二）拍摄技法

在电视节目的录制与呈现中，高清摄像机已然成为大屏幕尺寸播放环境下的主流选择。这一现象源于标清视频在大型显示设备上播放时难以避免的画面模糊与细节损失，直接催生了高清视频技术的迫切需求与发展。尽管高清摄像机与标清摄像机在基础功能与操作模式上展现出相似性，但在实际的高清录像拍摄过程中，高清摄像机的独特性能与应用要求不容忽视。

随着4K高清技术的普及，新闻拍摄技法经历了一系列显著的变革，以适应更高分辨率和更大屏幕显示的需求。这些变化不仅提升了画面的清晰度与细节表现力，还对拍摄过程中的聚焦、执机稳定性及景别选择等方面提出了新的要求。

1. 聚焦方式发生根本性变化

在4K高清拍摄中，由于屏幕分辨率的显著提升，传统标清时代不易察觉的焦点模糊现象变得尤为明显。因此，摄像师必须采用更为精细的聚焦手法，即在每个具体焦距状态下直接精确调焦后拍摄，以确保被摄主体在不同景别下均能保持最清晰的影像。这一变化要求摄像师具备更高的专业素养和操作技能，如准确估算物距、善用景深关系以及掌握超焦距抓拍等技巧，以应对4K高清拍摄中的聚焦难题。

2. 执机与运动方式需相应调整

大屏幕显示下，任何细微的抖动都会被放大，影响观众的观看体验。因此，在4K高清新闻拍摄中，必须养成使用三脚架等支撑物进行拍摄的习惯，以减少摄像机的抖动。同时，在移动镜头时，应控制推、拉、摇等动作的速度，使其更加平稳缓慢，以便观众能够充分接收和消化大屏幕上丰富的信息。此外，还应减少手执机跟拍和平移拍摄等方式的使用，以保证画面的稳定性。

3. 景别选择呈现多样化趋势

随着屏幕尺寸的增大，电视新闻拍摄中的景别选择更加灵活多样。在4K高清时代，除了中景以上的镜头外，全景甚至大全景也被广泛应用于新闻拍摄中，以展现更加广阔的场景和丰富的画面内容。这一变化要求摄像师在拍摄过程中更加注重画面的整体布局和构图美感，以更好地呈现新闻事件的全貌和细节。

（三）画质提升

1. 色彩与色温的精准还原

4K高清技术使图像的分辨率提升至1920像素 × 1080像素以上，相较于标清电视的720像素 × 576像素，其水平和垂直清晰度均实现了显著提升。这一变化不仅使得画面更加清晰透彻，还促使色彩还原更加准确细致。在新闻拍摄中，观众对色彩真实性的要求也随之提高，因此，色温调整变得更加重要。摄像师需在不同场景和时间段下手动调整白平衡，以确保色彩的自然与真实，满足观众对高画质内容的期待。

2. 曝光控制的精细化

4K高清摄像机的成像面积相对较小，导致灵敏度有所下降。因此，在拍摄过程中，曝光控制的精确度成为关键。摄像师需根据现场环境的光照条件，灵活调整光圈大小，必要时提高景物照度，以避免曝光不足或过度导致的画质下降。同时，结合斑马线等辅助工具进行手动光圈微调，可进一步提升曝光控制的准确性，确保画面的明亮度和清晰度。

3. 暗部处理的细致化

4K高清摄像机具备更宽的亮度范围，能够捕捉更多细节层次，尤其在暗部处理上表现出色。在新闻拍摄中，摄像师需更加细心地处理暗部层次，避免暗部细节丢失。通过合理的曝光设置和后期调整，可以确保暗部物体在画面中依然清晰可见，增强画面的立体感和层次感。

4. 细节处理的重视

高清画质使得画面中的每一个细节都得以清晰呈现，这对新闻拍摄提出了更高的要求。摄像师需更加注重细节处理，如选择合适的拍摄角度、避免被采访人缺陷的放大、减少不必要的特写镜头等。同时，利用高清摄像机提供的细节轮廓设置功能（如DETAL选项），可以进一步增强画面的细节表现力，但需注意避免产生生硬感，确保画面的自然与和谐。

经典案例

在2022年北京冬季奥运会的筹备与举办过程中，为确保冰雪赛事直播的超高清呈现，京东方等领先企业承担了关键技术研发任务，针对冰雪赛事转播的特定需求，研发出一系列8K专业监视器产品，包括110英寸、75英寸及31.5英寸等多种规格，满足了不同场景下的高端显示需求。特别是为我国首台8K+5G转播车开发的75英寸8K专业显示器，实现了画面传输的准确、实时与高清，为赛事直播提供了坚实的技术支撑。此外，8K超高清户外大屏的引入，更是将超高清视觉体验延伸至城市公共空间。通过采用2.5mm超小像素点间距产品，京东方实现了整屏7680像素 ×4352像素的真8K分辨率点对点还原显示，即使在超近距离观看也无颗粒感，确保了赛事画面的细腻与真实。同时，户外大屏还支持60帧视频播放及≥3840Hz的视觉刷新，保证了画面的流畅与清晰，为观众带来了前所未有的沉浸式观赛体验。开幕式上，围绕主火炬台打造的璀璨梦幻冰雪意境，正是通过8K超高清显示技术得以完美呈现（图6-2-1）。舞台地面的8K超高清地面显示系统，以其超大规模的画面融合技术和光学校正算法，实现了超高对比度、超高刷新率及超高分辨率的绚丽画面，为观众带来了震撼的视觉冲击。

图6-2-1　2022年北京冬季奥运会开幕式

第三节　无人机航拍技术的应用

随着科技的飞速发展，无人机航拍技术以其独特的视角、高效的作业能力和广泛的应用前景，在新闻摄像领域引发了深刻的变革。无人机是各类无人驾驶飞行器的统称，最早诞生于20世纪初期的军事领域，经过不断研制和试验，具备了靶机、侦查、测绘、通信、电子对抗、攻击等多项性能，在当下的军事领域发挥着极其重要的作用；在民用领域，无人机的应用范围覆盖警务、城市管理、农业、地质、气象、电力、应急抢险、视像传播等众多行业，拥有十分广泛的用途和良好的发展前景[1]。2015年起美联社、CNN、《纽约时报》《华盛顿邮报》等媒体表示将在新闻采集领域引入无人机。同年6月，中国新闻网组建了无人机编队，开创了国内首个无人机新闻报道项目，搜狐网则在当月开办了搜狐新闻无人机频道[2]。

一方面，无人机航拍技术的工作原理融合了飞行控制、地理定位与图像稳定三大核心技术，共同实现了高效、稳定的空中拍摄任务。首先，飞行稳定系统是无人机航拍的基础，其核心组件包括陀螺仪。陀螺仪基于角动量守恒的物理原理，实时监测无人机在三维空间（俯仰、偏航、滚动）的微小姿态变化。一旦检测到外部干扰引起的姿态偏移，陀螺仪立即将相关数据反馈至飞行控制系统（Flight Control System，FCS）。FCS随即调整无人机的推进器输出，以迅速恢复并保持预定的飞行姿态，从而确保搭载的摄像头能够稳定拍摄。其次，全球定位系统（GPS）为无人机提供了精准的地理位置信息。通过接收并解析来自多个卫星的信号，GPS能够精确计算出无人机的经度、纬度和高度，为无人机导航提供坚实基础。基于GPS数据，无人机能够按照预设的飞行路径或航线自主飞行，有效规避障碍物，确保拍摄任务的顺利进行。最后，图像稳定技术是无人机航拍质量的关键保障。该技术主要分为电子图像稳定和光学图像稳定两类。电子图像稳定技术利用先进的软件算法，分析摄像头捕捉到的连续画面，识别并补偿由无人机运动引起的图像抖动。这一过程无需物理调整摄像头硬件，降低了系统复杂度与成本。而光学图像稳定技术则通过机械方式，如移动镜头组件或传感器，直接抵消抖动，实现更为精细的图像稳定效果，但受限于机械结构的复杂性及成本考量，其应用相对有限。

另一方面，无人机航拍技术具有携带方便、操作灵活、视角独特、适应性强等特点。其高空俯瞰的视角能够捕捉到传统地面拍摄难以触及的画面，为新闻报道提供了全新的视觉体验。同时，无人机航拍还能够快速响应突发事件，提高新闻报道的时效性和现场感。以下将从提升报道效率与时效性、增强视觉效果与感染力、降低拍摄成本与保障人员安全、拓展报道视角与丰富内容等方面对无人机航拍技术的优势进行深度剖析。

---

[1] 李培林．当代新闻摄影教程[M]．上海：复旦大学出版社，2007.

[2] 刘志强．浅析无人机在新闻报道中的应用[J]．新闻论坛，2017（3）：16-19.

一、提升报道效率与增强时效性

在信息快速传播的时代背景下，新闻报道的时效性成为衡量其价值和影响力的重要标准。无人机航拍技术以其高度的灵活性和快速响应能力，极大地提升了新闻报道的效率。相较于传统拍摄方式，无人机能够迅速抵达新闻现场，并在短时间内完成高空拍摄任务，将现场画面实时传输至报道中心，为观众提供第一手、鲜活的新闻资讯。在突发事件报道中，无人机航拍技术的优势尤为突出。例如，在自然灾害如地震、洪水等发生后，灾区往往道路受阻、通信中断，传统报道方式难以迅速抵达现场。而无人机则能够穿越复杂地形，直抵灾区上空，拍摄到受灾区域的全貌及细节，为救援工作和新闻报道提供重要参考。这种即时性不仅增强了新闻报道的时效性，也提高了新闻报道的准确性和公信力。

二、增强视觉效果与感染力

无人机航拍技术以其独特的视角和广阔的视野，为新闻报道带来了全新的视觉体验。传统拍摄方式受限于摄像师的位置和角度，难以全面展现新闻事件的宏观布局和细节特征。而无人机则能够突破这些限制，从高空俯瞰，为观众呈现出震撼人心的画面。在新闻报道中，无人机航拍能够展示新闻现场的宏大场景和微观细节，如建筑物的整体结构、道路的拥堵情况、人群的流动方向等。这些画面不仅丰富了报道内容，也增强了观众的沉浸感和代入感。同时，无人机航拍还能够通过不同的飞行高度和角度，展现出新闻事件的多样性和层次感，使得报道更加生动有趣。这种全新的视觉体验不仅提升了新闻报道的观赏性，也增强了新闻报道的感染力和传播力。

三、降低拍摄成本与保障人员安全

无人机航拍技术在降低拍摄成本方面也具有显著优势。传统载人航空摄影需要昂贵的设备和专业的飞行员，且每次飞行都需要经过烦琐的审批流程，成本高昂且效率低下。而无人机航拍则以其低廉的购置成本、较低的维护费用和简单的操作流程，大大降低了拍摄成本。此外，无人机航拍还能够在确保人员安全的前提下，完成高风险区域的拍摄任务。在灾难现场等危险环境中，传统拍摄方式往往需要摄像师深入现场进行拍摄，存在较大的安全隐患。而无人机则能够代替摄像师进入现场，通过远程操控完成拍摄任务，有效保障了人员的生命安全。这种安全性不仅降低了拍摄风险，也提高了新闻报道的可靠性和可信度。

四、拓展报道视角与丰富内容

无人机航拍技术的引入，极大地拓展了新闻报道的视角和范围。传统拍摄方式受限于摄像师的位置和角度，难以捕捉到新闻事件的全方位信息。而无人机则能够突破这些限制，从多个角度、多个高度进行拍摄，全面展示新闻事件的全貌和细节。在新闻报道中，无人机航拍可以应用于多种场景和题材。例如，在大型公共活动、体育赛事等场合中，无人机可以飞越人群和建筑物，拍摄到壮观的场面和精彩的瞬间；在环境监测中，无人机则可以从高空俯瞰城市布局和生态环境，为决策者提供有力的数据支持。这些多样化的应用场景不仅丰富了报道内容，也提高了新闻报道的针对性和实用性。

经典案例

在《航拍中国》第二季的制作中，无人机航拍技术作为核心手段之一，与载人机拍摄及轨道卫星遥感技术协同作用，实现了对中华大地多层次、多维度的影像捕捉与呈现。该技术体系不仅限于传统视角，更引入了VR摄像机技术，在平面影像基础上叠加特效处理，赋予画面前所未有的沉浸感。其中，“一镜到底”的飞行拍摄策略，通过无人机连续无缝的镜头运动，构建了一场场视觉盛宴，仿佛引领观众踏上一场跨越山川湖海的空中漫游。每集精心编排的50分钟内容，实则是一次精心策划的空中探索之旅，将观众从地面视角提升至云端之上，领略大美中国的无限风光。在航拍构图中，巧妙融合了全景的壮阔、中景的和谐以及近景与特写的细腻入微，这种多层次的视觉叙事策略，既展现了自然界的宏大规模，又不失对微观细节的精雕细琢。例如，在四川篇中，峨眉金顶的壮丽景色、横断山脉的雄奇、九寨沟的瑰丽，都被无人机一一捕捉并呈现给观众，带来强烈的视觉震撼（图6-3-1）。

图6-3-1 《航拍中国》第二季·四川

第四节 虚拟演播室技术应用

一、虚拟演播室技术的工作原理

虚拟演播室技术是一种集成了计算机图形学、摄像技术、视频合成技术及跟踪定位技术的综合系统，其核心在于通过计算机生成的虚拟场景与真实摄像机拍摄的画面进行实时合成，从而创造出逼真的虚拟演播环境。湖北广播电视总台经济频道的新闻资讯便采用了虚拟演播室技术，通过挪威公司的真三维虚拟系统，其虚拟演播室技术能很好地解决从三维设计软件、三维实时渲染引擎到气象预报、虚拟体育、信息展示和虚拟场景等的应用，让新闻资讯直播节目变得更加绚丽多姿[1]。虚拟演播室技术的工作原理可细分为以下几个关键步骤。

（一）虚拟场景的构建

虚拟演播室技术首先利用专业的三维建模软件（如3ds Max、Maya等）创建虚拟场景。这些场景可以是二维平面背景，也可以是三维立体环境，根据节目需求进行灵活设计。制作完成后，这些虚拟场景以数字形式存储于图形工作站中，供后续合成使用。

（二）摄像机的跟踪定位

摄像机跟踪定位技术是虚拟演播室技术的另一核心组成部分。通过机械传感、图像识别、红外线或超声波等多种跟踪方式，系统能够实时捕捉摄像机的运动轨迹和参数，如位置、角度、焦距等。这些数据被用于计算摄像机与虚拟场景之间的相对位置关系，确保摄像机拍摄的画面与虚拟背景能够精确匹配。

（三）前景与背景的实时合成

在摄像机拍摄到主持人及其周围景象（即前景图像）的同时，图形工作站根据摄像机跟踪系统提供的数据，实时调整虚拟场景的位置和角度，使之与前景图像保持一致。随后，通过色键器将前景图像与虚拟背景进行合成，去除背景色并将虚拟场景融入其中，形成最终的播出画面。

[1] 夏春玲，周小军，汪红潮．虚拟演播室技术在新闻资讯直播节目中的应用[J]．现代电视技术，2008（10）：58-59.

（四）后期的调整与优化

在合成过程中，技术人员还需对景深、光照、阴影等参数进行精细调整，以提高合成画面的真实感和融合度。通过不断优化和调整，确保最终播出的节目画面既符合艺术要求，又满足观众的视觉体验。

二、虚拟演播室技术的优势

目前，虚拟演播室技术已逐渐被媒体及各大电视台所熟知并广泛运用，传统的电视节目往往制作成本高，工序复杂，而虚拟演播室技术可利用计算机制作出三维动画场景来代替传统的演播室真实布景，大大降低了节目费用，减少了新闻直播中真实场景的安装、搭建以及拆卸、运输的能源消耗，其较低的制作成本以及灵活多变的场景变换功能得到了众多用户的青睐[1]。因此，虚拟演播室技术在电视新闻中的运用不仅提高了节目制作效率和质量，还丰富了节目表现形式和观众体验。具体而言，其优势主要体现在以下几个方面。

（一）降低制作成本，提高制作效率

虚拟演播室技术通过计算机生成的虚拟场景和实时合成技术，省去了传统演播室所需的实体布景、道具和复杂的场景搭建过程。这不仅显著降低了制作成本，还大大缩短了节目制作周期。此外，虚拟场景可以根据需要随时修改和调整，无需重新搭建，进一步提高了制作效率。这种高效低成本的制作方式使得新闻机构能够更快速、更经济地制作高质量的新闻节目。

（二）突破时空限制，丰富节目内容

虚拟演播室技术打破了传统演播室的物理空间限制，能够模拟出各种复杂的场景，包括历史背景、科幻世界、自然灾害现场等。这种能力使得新闻节目在内容呈现上更加丰富多彩，能够满足不同主题和报道的需求。同时，虚拟场景还可以根据新闻事件的发展实时更新，使观众第一时间获取最新信息，增强了新闻节目的时效性和吸引力。

（三）提升视觉效果，增强观众体验

虚拟演播室技术采用先进的图形处理技术和渲染技术，能够创造出高度逼真的

[1] 李峰. 虚拟演播室在新闻直播中的应用研究［J］. 数字通信世界，2021（11）：173-175.

虚拟场景和特效。这种高还原度的视觉效果不仅能够吸引观众的注意力，还能够提升新闻节目的传播效果。通过丰富的视觉元素和沉浸式的体验，虚拟演播室技术为观众带来了更加震撼和深刻的视听感受，增强了观众对新闻内容的理解和记忆。

（四）增强互动性与参与感

虚拟演播室技术还支持实时互动与合成，使内容创作者能够将观众融入虚拟场景中。这种互动形式不仅增强了观众的参与感和沉浸感，还使新闻节目更加生动有趣。通过与观众的实时互动，新闻机构可以收集观众的反馈和意见，进一步优化节目内容和形式，提升观众的满意度和忠诚度。

（五）促进媒体融合与创新

虚拟演播室技术是媒体融合与创新的重要工具之一。通过与传统新闻制作方式的结合，虚拟演播室技术为新闻节目带来了全新的制作理念和表达方式。同时，随着技术的不断进步和应用场景的拓展，虚拟演播室技术还将与其他新兴技术如人工智能、大数据等深度融合，为新闻领域带来更多的创新和发展机遇。

经典案例

以2023年6月CCTV1-播报的“全球首台16兆瓦海上风电机组叶片安装”这一新闻为例（图6-3-2），通过虚拟演播室技术，构建出16兆瓦海上风电机组叶片安装的三维模型，这一模型可以精确还原安装现场的地形、海洋环境、风电机组的结构等细节，增强画面的视觉冲击力。与此同时，在报道中，利用虚拟演播室技术将风电机组叶片的技术参数（如叶片长度、高度、叶轮扫风面积等）以标注和动画等形式直观地展示出来，有助于观众快速了解风电机组的基本性能和优势。

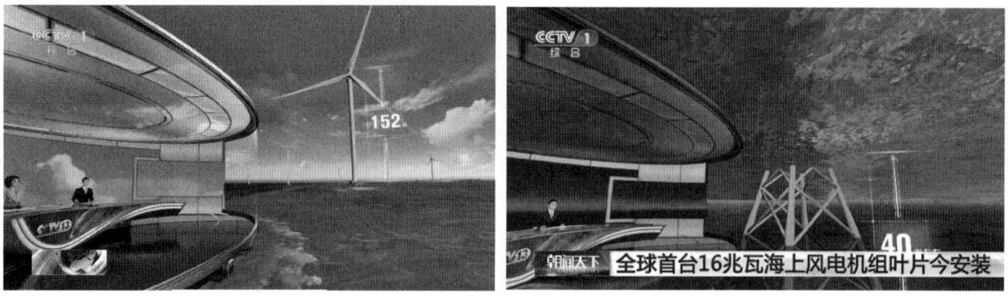

图6-3-2　虚拟演播室技术的运用

第七章

新技术驱动新闻视听的协同新生态

在信息技术日新月异的今天，新闻传播的形态与方式正经历着前所未有的变革。智能化技术的飞速发展，特别是智能手机和机器人摄像的发展，为新闻视听拍摄带来了革命性的变化。这些技术不仅极大地降低了新闻拍摄的门槛，还促进了新闻内容的即时传播与分享，构建了一个全新的新闻生态。

第一节　全民参与的手机新闻摄像

随着智能手机硬件性能的不断提升，特别是摄像头技术的飞跃式发展，手机已成为大众记录生活、捕捉新闻事件的重要工具。高清摄像、夜景模式、超广角拍摄、慢动作视频等功能的加入，使得手机拍摄的视频质量接近甚至超越专业设备，降低了新闻拍摄的门槛。此外，手机编辑软件的丰富多样，如视频剪辑、特效添加、字幕配音等功能，使用户能够轻松完成基础的视频制作工作，尤其是在4G、5G移动网络的技术支持下，手机已然能够完成记者自拍出镜的现场报道或现场直播，进一步促进了新闻内容的即时传播与分享。

一、手机新闻摄像的发展

截至2023年12月，我国手机网民规模达到10.91亿人[1]，手机的普及为手机新闻摄像提供了坚实的硬件基础。随着数字影像技术的飞速进步，手机新闻摄像逐渐成为新闻传播领域的新兴力量。手机在新闻摄像领域的发展可大致划分为以下三个阶段：第一阶段是，自1999年日本京瓷集团首次推出具备照片拍摄功能的手机以来，手机摄影技术便踏上了不断革新的征途。这一创新不仅标志着移动通信设备功能的重大拓展，更为新闻摄像领域带来了前所未有的变革。第二阶段是，进入21世纪，手机摄影技术迎来了爆发式增长。2004年，索尼爱立信公司发布的100万像素拍照手机，以及夏普公司推出的具备光学变焦功能的拍照手机，为手机摄影技术树立了新的里程碑。随后几年间，手机摄像头的像素不断提升，功能日益丰富，直至2012年诺基亚公司推出的“808PureView”手机，其4100万像素的摄像头性能已

❶ 中国互联网络信息中心等. 第53次中国互联网络发展状况统计报告[R]. 2024-03-22.

远超当时的主流单反数码相机，彻底颠覆了人们对手机摄影的传统认知。第三阶段是，近年随着智能手机技术的全面发展，手机摄影功能越发强大。高端智能手机普遍配备了多摄像头系统，如华为nova8 Pro等机型，通过广角、标准、长焦等不同功能的摄像头组合，实现了更为丰富的拍摄效果。同时，全景模式、景深模式、人像模式、超长焦距模式等拍摄模式的融入，以及人工智能算法在摄影性能与功能上的提升，使得手机摄影的像素、品质、性能与功能均达到了前所未有的高度。

在移动互联网的推动下，手机新闻摄像更是迎来了黄金发展期。4G、5G等高速移动网络技术的普及，使得手机能够实时传输高清新闻图片，极大地缩短了新闻事件的报道时间。此外，各类社交媒体平台的兴起，为手机新闻图片的分享与传播提供了广阔的空间，进一步推动了手机新闻摄像的普及与发展。

二、手机新闻摄像的特点

智能手机的普及让每个人都能瞬间化身为新闻摄影记者，即时捕捉并分享身边事件，极大地拓宽了新闻传播的边界，显著提升了报道的时效性。这一过程不仅强化了社交互动性，让新闻报道更加贴近受众生活，还凭借手机新闻摄像的真实记录与强烈现场感，赋予新闻报道鲜活的感染力与吸引力。此外，技术的持续创新不仅优化了画质与分享效率，更催生了新颖独特的图片表现形式，极大地丰富了新闻报道的多样性与趣味性。因此，手机新闻摄像展现出泛在性、即时性、社交参与性、互动性、真实性、现场感以及技术融合与创新性等鲜明特点。

（一）泛在性与即时性

手机新闻摄像的泛在性是其最为显著的特点之一。随着智能手机的普及与移动网络的覆盖，几乎每一个拥有智能手机的个体都能成为潜在的新闻摄影记者。他们可以在任何时间、任何地点，利用手机记录下身边的新闻事件，并通过社交媒体平台即时分享给全球范围内的受众。这种泛在性不仅极大地拓宽了新闻摄像的传播渠道，还使得新闻报道的时效性得到了前所未有的提升。同时，手机新闻摄像的即时性也是其重要的优势之一。在突发事件发生时，专业摄影记者往往难以第一时间到达现场，而拥有智能手机的普通公众则能迅速捕捉并记录下现场的第一手资料。这些即时拍摄的图片往往能够更真实地反映事件的真实情况，为新闻报道提供宝贵的素材。

（二）社交参与性与互动性

手机新闻摄像的社交参与性也是其不可忽视的特点之一。随着社交媒体平台的普及与发展，人们越来越倾向于在社交网络上分享自己的生活点滴与所见所闻。手机新闻摄像的出现，为公众提供了一个参与新闻传播的新途径。他们可以通过拍摄并分享新闻图片，表达自己的观点与看法，甚至参与到新闻事件的讨论与传播中来。这种社交参与性不仅增强了新闻传播的互动性，还使得新闻报道更加贴近受众的生活实际。此外，手机新闻摄像还具有很强的互动性。在社交媒体平台上，受众可以对新闻图片进行点赞、评论、转发等操作，与其他用户进行互动交流。这种互动不仅加深了受众对新闻事件的理解与认知，还使得新闻报道的传播效果得到了进一步的放大。

（三）真实性与现场感

手机新闻摄像以其独特的优势，为新闻报道提供了更为真实、生动的现场感。与传统的新闻摄像相比，手机新闻摄像更加注重捕捉新闻事件的瞬间与细节。由于手机摄像的便捷性与即时性，公众往往能够在第一时间记录下新闻事件的原始场景与真实面貌。这些未经修饰、未经加工的原始图片，往往能够更真实地反映新闻事件的真实情况与现场氛围。同时，手机新闻摄像还具有较强的现场感。通过拍摄新闻事件的现场图片，受众可以直观地感受到新闻事件的紧张氛围与情感色彩。这种现场感不仅增强了新闻报道的感染力与吸引力，还使得受众更加关注新闻事件的发展动态与后续报道。

（四）技术融合与创新性

随着科技的不断发展与进步，手机新闻摄像技术也在不断创新与融合。一方面，智能手机厂商不断推出具备更高像素、更强功能的摄像头系统以及更为丰富的拍摄模式与功能；另一方面，各类图像处理软件与社交媒体平台也在不断升级与优化其图片处理与分享功能。这些技术的融合与创新不仅提升了手机新闻摄像的画质与品质，还使得新闻图片的分享与传播更加便捷与高效。此外，手机新闻摄像还具有较强的创新性。在新闻报道中，公众可以利用手机摄像技术创造出各种新颖独特的新闻图片形式与表现手法。例如，通过创意构图、特殊滤镜、动态图片等方式来展现新闻事件的独特魅力与情感色彩。这些创新性的表现手法不仅丰富了新闻报道的形式与内容，还使得新闻报道更加生动有趣、引人入胜。

三、手机新闻摄像的美学观念

手机新闻摄像凭借其泛在性、即时性特质以及技术创新的深度融合，重塑新闻传播生态，降低拍摄门槛，使全民摄影成为可能，促进了大众美学的兴起。它不仅实现了身体感知的“泛在”与“共在”，还赋予普通民众记录与诠释新闻的权利，形成了平民化、多元化的新闻美学。这一趋势不仅丰富了新闻内容的层次与视角，也增强了新闻报道的时效性与影响力，预示未来新闻传播将更加贴近民众生活，展现新的活力与可能性。

（一）“泛在”与“共在”的身体美学

在传统新闻摄像的语境下，衡量新闻摄像质量的标准主要包括三个方面：摄影作品是否同时具有新闻本质属性和社会价值属性、摄影作品是否具有专业的摄影技巧；是否能够与受众产生情感共鸣；是否能够对新闻事件进行高度概括[1]。尽管这些标准确保了新闻摄影的专业深度与社会贡献，但其受限于传统媒体框架，难以充分满足信息时效性的极致追求。相比之下，手机新闻摄像以其即时拍摄与即时传播的特性，极大地缩短了新闻事件与受众感知之间的时间差，营造了一种亲临现场的幻觉，实现了媒介对个体身体感知边界的拓展与延伸。

随着媒介技术的飞速发展，手机新闻摄像的“泛在性”特征越发凸显。这一特性不仅体现在手机作为拍摄工具的广泛普及与高度便携，使得新闻摄像活动能够跨越时空限制，随时随地发生；更在于其深刻改变了摄像行为与个体身体的关系，使之融为一体。特别是人工智能、虚拟现实等前沿技术的融入，使得手机新闻摄像超越了单纯的事实记录功能，转而成为个体感知世界、表达自我情感与立场的重要媒介。这一过程深刻践行了马歇尔·麦克卢汉（Marshau Mcluhan）的“媒介即身体的延伸”理论，将新闻摄像转化为一种深刻而独特的身体化感知实践。

与此同时，“共在”的身体美学在手机新闻摄像领域也得到了生动展现。在社交媒体和新闻平台的推动下，拍摄者、被摄对象以及观众之间的界限变得模糊，三者共同参与到新闻事件的传播和解读中。通过超链接文本共享、在线多人实时直播等技术创新，手机新闻摄像使得广大民众能够跨越物理空间的限制，共同见证新闻事件的发生与发展，实现了身体在虚拟空间中的“共在”。这种“共在”不仅丰富

[1] 刘颂．试论新闻摄影的真实性与艺术性[J]．记者观察，2021（17）：152-153.

了新闻事件的叙事层次，还促进了拍摄者、被摄对象与观众之间的深度交流与情感共鸣，形成了一种全新的、基于身体感知与情感共鸣的美学体验。

（二）全民摄影下的大众美学

相较于传统新闻摄像，手机新闻摄像以其独特的媒介属性——智能手机作为拍摄工具，深刻改变了新闻摄像的生态格局。在传统模式下，新闻摄像依赖于专业摄影器材（如胶片相机或数码相机）与专业摄像师的精湛技艺，其画面表现丰富多样，视觉冲击力强。然而，随着智能手机的普及与摄像技术的简化，全民摄像成为可能，这一转变不仅降低了新闻摄像的门槛，更赋予了普通民众记录与诠释新闻事件的权利。

首先，全民摄像的兴起，标志着新闻摄像领域大众美学的显著崛起。它打破了专业与业余的界限，使新闻事件的记录不再是专业摄像师的专属，而是成为公众共同参与的社会实践。普通民众以其独特的视角和感受，为新闻传播注入了新鲜血液，使新闻内容具有多元性与层次性。这种由下而上的美学转型，不仅展现了大众对于新闻事件的独特理解与审美偏好，也促进了新闻传播模式的创新与变革。

其次，威廉·莫里斯（Wiuiam Morris）的艺术观念在此背景下显得尤为深刻。他强调艺术应服务于社会大众而非少数精英，正如他所言："艺术不能仅为少数人服务，不应仅为少数人的教育或少数人的自由服务。"手机新闻摄像正是这一理念的生动实践，它让新闻创作不再局限于精英阶层，而是成为大众触手可及的文化活动。通过智能手机这一媒介，大众得以自由表达自我，将日常生活中的点滴美好转化为具有新闻价值的影像作品。这种平民化的新闻拍摄方式，不仅满足了大众对于深度接触新闻的需求与渴望，也促进了新闻与社会生活的深度融合。

最后，在手机新闻摄像中，大众美学体现为一种平民主义风格。它摒弃了传统新闻创作中绝对的专业化权威，新闻事件的记录不再局限于专业摄影师，转而使普通民众也能拥有发现与传播新闻的权利。他们从不同的角度、用不同的方式记录新闻事件，为新闻传播提供了更加多元和丰富的视角。这些作品或许在画面表现与视觉冲击力上不及专业摄影，但它们所蕴含的真实情感与朴素力量却更加贴近人心。手机摄影作品往往以熟悉的生活符号为创作元素，通过直观、生动的画面语言，展现大众生活的真实面貌与趣味所在。这种风格的形成，不仅是对传统新闻摄影模式的挑战与超越，也是对大众审美趣味与价值取向的深刻反映与引导。

综上，手机新闻摄像作为新闻传播领域的新兴力量，凭借其泛在性、即时性、社交参与性、真实性以及技术融合与创新性等特点，正逐步重塑着新闻传播的生态格局。它不仅降低了新闻拍摄的门槛，使得每一个拥有智能手机的个体都能成为潜在的新闻记录者，还极大地拓宽了新闻传播的渠道与范围。在移动互联网和社交媒体平台的推动下，手机新闻摄像的即时性与互动性得到了充分展现，进一步增强了新闻报道的时效性与影响力。同时，手机新闻摄像的运用展现了新型美学观念，即强调身体在场的“泛在”与“共在”和“人人皆可成为新闻记者”的大众平等观念，为新闻领域的传播与发展增添了新的活力。展望未来，随着智能手机技术的不断进步和移动互联网的持续发展，手机新闻摄像将在新闻传播领域发挥更加重要的作用，成为连接公众与新闻事件的重要桥梁。

第二节　智能协同的机器人摄像系统

在新闻传媒领域，摄像作为记录现实、传递信息的关键环节，其技术与方式的变革直接影响着新闻报道的呈现效果与观众体验。智能“机器人”拍摄装备作为人工智能技术与影视制作深度融合的产物，正逐步成为新闻领域的重要工具。这类装备不仅具备高效、灵活、精准的特性，还通过自主控制、智能识别与多机位协同等先进技术，为新闻内容的采集、制作与传播带来了前所未有的变革。

一、智能“机器人”摄像的优势

机器人摄像系统是指通过编程等技术手段实现对演播室摄像机的远程控制。这种远程控制包括对摄像机水平位置、垂直位置、拍摄角度、移动速度、移动加速度等的精确控制[1]。通过集成高精度传感器、先进的算法和强大的计算能力，机器人摄像能够实现自主导航、目标跟踪、智能构图等功能，极大地提高了拍摄效率和稳定性。在大型活动、危险环境或需要长时间拍摄的场景中，机器人摄像能够替代人力，完成复杂且重复的拍摄任务，为观众带来更加丰富的视觉体验。

---

[1] 张于兵，张博文. 智能拍摄技术在演播室的应用研究[J]. 广播与电视技术，2020，47（5）：62-64.

具体而言，智能“机器人”拍摄装备的特性可概括为以下几点：一是自主性强，能够独立完成拍摄任务，减轻人力负担；二是灵活度高，可根据拍摄需求快速调整拍摄角度、焦距等参数；三是精准度高，通过先进的图像处理与识别技术，确保拍摄画面的清晰与准确；四是协同性好，支持多机位协同拍摄，提升新闻制作的效率与质量。目前，智能机器人摄像可广泛运用于工业生产、医疗健康、交通监控和新闻报道等多重领域，且通过部署不同类型的机器人摄像系统相互协同配合，可实现高效的信息交换与任务分工，从而快速完成复杂的新闻摄像任务。这种基于智能机器人摄像的协同工作模式，不仅打破了传统新闻摄像的局限，还带来了诸多显著优势。

（一）拓宽拍摄视角与范围

传统新闻摄像往往受限于摄影师的体力、视野及拍摄设备的性能，难以全面、深入地捕捉新闻现场的全貌与细节。而智能摄像系统，如无人机，能够轻松飞越障碍物，从空中俯瞰整个新闻现场，为观众提供前所未有的视角与视觉效果。同时，智能云台与机器人摄影师则能够精准追踪拍摄对象，捕捉每一个细微的表情与动作，使新闻报道更加生动、真实。

（二）提高拍摄效率与质量

人机协同新闻摄像通过自动化、智能化的手段，显著提高了拍摄效率与质量。智能摄像系统能够自主完成拍摄任务，无需人类摄影师长时间手持设备，从而减轻了摄影师的体力负担，使他们能够更专注于构图、光线等艺术层面的创作。此外，智能系统还能够根据预设的参数与规则进行自动曝光、白平衡等调整，确保拍摄画面的清晰度与色彩还原度，提升整体拍摄质量。

（三）增强拍摄安全性与稳定性

在一些危险或难以到达的新闻现场，如火灾、地震等灾害现场，人类摄影师往往面临巨大的安全风险。而智能摄像系统则能够代替人类摄影师进入这些危险区域，进行实时拍摄与数据传输，有效保障了摄影师的人身安全。同时，智能摄像系统还具备出色的稳定性与抗风性，能够在复杂环境中保持稳定的拍摄状态，确保拍摄画面的清晰与稳定。

二、智能机器人摄像的分类与应用

智能机器人拍摄装备集合多种高科技手段，具有自主导航、智能识别、精准控制等特点，能够在复杂环境中高效拍摄[1]。近年来，智能化无人拍摄理念成为新型视频制作领域的科技新理念，演播室已经出现集群化摄像机器人产品，结合自动录制、远程拍摄、虚拟现实等形成多摄像机位集控化解决方案，改变以往低效视频的生产形式，形成更高效、更环保、更智能的画面运动生态系统[2]。

智能机器人摄像的系统架构主要涵盖了六大核心技术模块。第一，空间运动控制技术。它集成了球面、旋转、伸缩、升降及水平等多维度运动机制，确保摄像机器人在复杂环境中实现精准、平稳且低噪声的运动轨迹控制，满足高质量录制需求。第二，虚拟跟踪技术。该技术依托于摄像机器人内置的精密坐标系统，融合传感器数据，实现对实体或虚拟目标的精确定位与姿态跟踪，提升拍摄的精准度与灵活性。第三，智能跟拍技术。智能机器人利用人工智能人体运动轮廓及人脸识别技术，能够在复杂多变的场景中自动锁定拍摄对象，并智能调整构图，实现无缝跟踪拍摄。第四，增稳云台技术。智能机器人通过集成高扭矩直驱无刷电机与三轴陀螺仪的稳定系统，有效抵消外界干扰，即便在高速移动中也能保持画面的清晰与稳定。第五，镜头控制技术。智能机器人构成了一个全面的自动化与远程操控体系，提供闭环解决方案，使得镜头能够根据预设指令或实时数据自动调整，精准输出跟踪数据，满足多样化拍摄需求。第六，集控系统。集控系统作为整个框架的指挥中枢，设计有高效的软件集成控制平台，能够统一调度多种运动模式的摄像机器人，实现多机位、多视角的协同拍摄作业，构建出复杂而有序的拍摄环境，显著提升拍摄效率与创意表现力。

在新闻领域中，智能机器人摄像大多运用于智能演播室集控系统，其中常见的便是轨道式机器人和自走式机器人。

（一）轨道式机器人摄像（Smart-rail）

轨道机器人主要由摄像机承载系统、控制系统、轨道三部分组成。

（1）摄像机承载系统包括轨道移动摄像车、升降柱以及遥控云台。轨道移动摄像车沿预设轨道移动，实现水平方向上的拍摄，是承载摄像机并沿轨道移动的关键部件。其设计需考虑负载能力、移动速度和稳定性，以确保在各种拍摄环境下都能

---

[1] 韩铮．冬奥会小试牛刀，速滑馆初露锋芒：特种设备在北京冬奥会速度滑冰比赛中的应用[J]．现代电视技术，2022（9）：41-44.

[2] 刘进．智能“机器人”拍摄装备对影视领域的影响及前景[J]．电视技术，2024，48（1）：48-51.

稳定运行；升降柱则负责垂直方向上的高度调整，以适应不同拍摄需求，现代轨道机器人系统多支持多级升降柱，以提供更宽的动态范围；遥控云台则负责摄像机的俯仰、旋转等精细控制，是摄像机承载系统的核心部件，确保拍摄画面的稳定性和多样性。现代遥控云台多采用高分解度编码器，实现高精度的画面显示和流畅的摄像机运动。

（2）控制系统是轨道机器人摄像系统的“大脑”，负责集中控制摄像机的各项运动参数，如水平、俯仰、变聚焦、推拉摇移、升降等。控制系统通过遥控面板或触摸屏进行操作，具有直观、易用的特点。控制系统可以预设摄像机的运动轨迹和关键帧，实现自动化拍摄。摄像师只需在控制系统中设置好拍摄参数和轨迹，系统即可自动完成拍摄任务。同时，控制系统还具备存储记忆功能，可以记录并存储摄像机的各种运动路径。这使得摄像师在后续拍摄中可以直接调取对应的运动路径并应用，大大提高了拍摄效率和精准度。

（3）轨道是轨道机器人摄像系统的基础设施，其形状和安装方式直接影响摄像机的拍摄范围和效果。轨道可分为地面安装和棚顶吊装两种类型，可根据实际拍摄需求进行选择。轨道类型包括直线轨道、弯轨以及二者的结合。弯轨可以实现摄像机的曲线运动，为拍摄提供更加丰富的视角和动态效果。现代轨道机器人系统多采用末端驱动技术，通过在轨道末端安装编码轮来避免车轮打滑和惯性运动，提高系统的精准度和稳定性。

综上，轨道机器人摄像在演播室应用中展现出显著优势。一是其吊装设计有效节省了空间，并且通过过肩镜头，实现各景区主持人与嘉宾之间的互动，画面更有空间感、互动感，也更加美观，可满足节目和镜头的多样性，也促进了演播区布局的灵活性。二是轨道机器人移动拍摄的重复性与精准度远超传统方式，控制系统能精确记录并回放运动路径，确保高难度镜头的精准重现，提升录制效率与安全性。传统演播室的画面更多的是机位之间的硬切，运动机位很少，以往的运动机位通常通过摇臂实现，但摇臂并不能完全满足新闻演播室对镜头重复率、精准度的要求，而轨道机器人的一大应用特点，就是让画面充分动起来，控制系统可以记录并且存储轨道摄像机的不同运动路径，每次使用都可以直接调取对应的运动路径并应用，且实现在高重复率的情况下高精准度拍摄。三是该系统还支持与虚拟AR技术的结合，能够自主识别真实场景并与虚拟元素进行无缝融合，结合灵活运动拍摄，创造出震撼且丰富的视觉效果，为节目制作提供了强大技术支持。例如，在新闻演播室报道中，AR轨道机器人摄像机系统可以自由移动，从不同角度展示新闻主播，同时将虚拟的图文、视频等元素进行背景融合，提高新闻的视觉效果和观众的参与感（图7-2-1）。随着技术的不断进步和应用需求的不断提高，AR轨道机器人摄像机系统将会更加智能化、自主化和协同化，通过多个AR轨道机器人摄像机的协同工作，实现更加复杂和多样化的拍摄任务，与此同时，随着5G技术的普及和应用，AR轨道机器人摄像机系统的数据传输和同步协作能力将得到进一步提升，为未来的节目制作提供更加广阔的可能性[1]。

图7-2-1 AR轨道机器人的运用

经典案例

①早期的轨道机器人一般由计算机控制，而且设备占用空间大，移动不灵活，应用场合受到很大的限制。随着科技水平不断提高，轨道摄像机器人实现了小型化和智能化。目前，摄像机器人的高端技术主要掌握在美国、德国、日本、比利时等发达国家。国内市场上的轨道摄像机器人以国外产品为主，如西班牙Kronomav公司的KM-K2轨道机器人系统，加拿大 Ross Video公司的Ross Video Furio 摄像机器人系统等[2]。如图7-2-2所示，KM-K2凭借其高速运行、多轴遥控拍摄及模块化设计等优势，扩展了应用场景，在国内市场占据主导，广泛应用于新闻、娱乐等领域。但是，其电动摇臂范围较大存在安全隐患，且调整拍摄角度需手动，带来不便。相比之下，ST-RI轨道机器人以灵活操控与平稳运行为特点，适合大型综艺录制，但工控化操控方式限制了摄像师的操作便利性，且运动轴向有限，拍摄角度受

[1] 刘珧．交互、融合、协调：省级电视台政务服务专用演播室设计［J］．影视制作，2024，30（7）：55-61.

[2] 金钰．轨道摄像机器人控制系统设计［D］．南京：南京理工大学，2017.

图7-2-2　KM-K2轨道机器人（左）和ST-RI轨道机器人（右）

限。两者均展现了技术进步，但各有待优化之处。

②挪威Electric Friends的轨道机器人（图7-2-3）相较于传统轨道机器人，展现出了多项显著优势，这些优势不仅体现在技术设计上，更深刻影响了演播室的运作效率与空间利用。首先，Electric Friends机器人摒弃了传统设计中的明轨与明缆，这一创新极大地提升了演播室的美观度与整洁性（图7-2-4）。无明轨无明缆的设计使得演播室空间更为开阔，舞美设计不再受限，能够充分利用每一寸空间，创造出更为丰富多变的视觉效果。同时，这种设计也避免了传统机器人在运行时对人员与机位移动的干扰，确保了演播室运作的流畅性。其次，Electric Friends机器人在安全性能上实现了质的飞跃。其搭载的激光雷达主动探测系统，能够实时、精确地识别并规避周围的人员与物体，有效预防了碰撞事故的发生。这一功能不仅保障了演播室内人员与设备的安全，还省去了传统机器人在运行时需设置的物理屏障，进一步提升了演播室的灵活性与使用效率。再者，Electric Friends机器人在外观设计与功能融合上也达到了新的高度。其优雅美观的圆柱形塔身设计，简洁而富有科技感，能够直接入镜而不显突兀，与演播室环境完美融合。同时，机身颜色可根据实际需求定制，为演播室舞美设计提供了更多可能性。此外，通过巧妙设计的隐藏式轨道与专利电缆管理系统，Electric Friends机器人实现了“有轨似无轨、有线似无线”的效果，为演播室创造了一个既美观又实用的工作环境。

（二）自走式机器人摄像（Smart Ped）

自走式机器人是指可在水平地面受控制地自由移动的机器人摄像系统。这些机器人集成了全智能化机器人升降台、摄像机遥控云台、摄像机控制系统等先进设备，为新闻、访谈、购物类节目的录制或直播提供了前所未有的灵活性和高效性。

自走式机器人集可编程控制、实时远程遥控、碰撞检测、一键式原点定位等功

图7-2-3　挪威Electric Friends轨道机器人

图7-2-4　传统轨道机器人与挪威Electric Friends轨道机器人对比

能于一体，不仅能利用计算机程序实现水平360°全方位移动及升降台的高度调节，还可灵活安装提词器及反看屏，作为专业拍摄的主机位[1]。其内置的传感器（如激光、红外、超声波等）可灵敏感知周围环境，结合SLAM或预设路径规划技术实现自主定位与导航。同时，通过遥控云台和摄像机控制系统，操作人员可以实时调整拍摄角度、焦距和高度，确保画面质量。此外，机器人还配备了防碰撞压感装置、超声波检测装置，以确保在复杂环境中的安全运行。

经典案例

以广播电视专用机器人——自走式机器人TRP-100为例。TRP-100（承重

[1] 张于兵，张博文．智能拍摄技术在演播室的应用研究［J］．广播与电视技术，2020，47（5）：62-64.

100kg）全智能化机器人升降台碰撞检测系统支持手动操作一键式原点定位。它与遥控云台相结合实现了摄像机的完全自动化用机器人技术和虚拟技术结合，确保TRP−100的高速滑动和高度上的置精度和重现性。俯仰范围可以达到170°+，水平范围172°+。TRP−100的自走式机器人在提供传统云台俯仰水平远程移动控制的基础上还可以提供水平高度移动以及远程控制，充分发挥自动机械化的效果。TRP−100与先进VR升降台一样无需特殊的花纹地板与其他特质的传感器，只需通过黑白版即可检测和设定原点。在TRP−100具有冲击力100kg载重下在750mm的升降距离中，从低速开始移动，最快可以达到200mm/s的加速升降。TRP−100内置了双重安全装置，当障碍物出现立即停止操作，另外通过LCD显示面板提示，确保更高的安全性[1]。

综上，智能协同的机器人摄像系统在新闻传媒领域的应用，正以其独特的优势引领着拍摄技术与方式的深刻变革。通过集成高精度传感器、先进算法与强大计算能力，机器人摄像系统不仅实现了自主导航、目标跟踪、智能构图等先进功能，还极大地提高了拍摄效率和稳定性。在大型活动、危险环境及长时间拍摄场景中，机器人摄像系统展现了其不可替代的潜力，显著减轻了人力负担，同时拓宽了拍摄视角与范围，提升了新闻内容的丰富度和观众的体验。随着人工智能技术的不断进步与智能摄像系统的持续创新，我们有理由相信，智能协同的机器人摄像系统将在新闻传媒领域发挥更加重要的作用，为观众带来更加精彩、震撼的视觉盛宴，同时也将推动新闻制作与传播方式的进一步变革与发展。

智能化新闻拍摄技术的发展，不仅为新闻报道带来了前所未有的视觉震撼与沉浸式体验，更为新闻行业的转型升级注入了新的活力。5G与VR技术的深度融合，使得新闻报道能够跨越时空限制，让观众身临其境地感受新闻现场；而4K/8K超高清技术的普及，则让新闻画面更加清晰细腻，色彩更加饱满真实，进一步增强了新闻报道的现场感和真实感。展望未来，随着人工智能、大数据等技术的不断进步，智能化新闻视听拍摄将迎来更加广阔的发展空间。新闻工作者应紧跟时代步伐，积极拥抱新技术，创新新闻报道方式，不断提升新闻报道的质量与传播效果，以满足广大受众日益增长的信息需求。

---

[1] 刘克非，宋婴．谈机器人的特点及在演播室中的应用［J］．传播力研究，2017，1（8）：185，195．

参考文献

[1] KIERONC. The Personal cineama: subjective cinema and the essay film[J]. Sight and sound，2019，20（3）：93. .

[2] CHANG S, LEWIS D E, PEARSON J. The functional effects of color perception and color imagery[J]. Journal of vision, 2013, 13 (10):227-232.

[3] VAFEIADIS M, HAN J A, SHEN F. News storytelling through images: examining the effects of narratives and visuals in news coverage of issues[J]. International journal of communication, 2020(14):21.

[4] WEI XD，WU YL. Construction of game-based teaching environment for animation scene scheduling based on virtual reality[J]. Communications in computer and information science，2019（1043）：412-424

[5] 阿里洪．电影语言的语法（插图修订版）[M]．陈国铎，黎锡，等译．北京：北京联合出版公司，2013.

[6] 陈昌凤．媒体融合：策略与案例[M]．北京：中国社会科学出版社，2019.

[7] 顾欣．摄像与影像创作[M]．上海：上海人民美术出版社，2009.

[8] 胡立德．新闻摄像[M]．杭州：浙江大学出版社，2006.

[9] 胡立德．电视新闻摄像[M]．3版．杭州：浙江大学出版社，2018.

[10] 刘荃，吴鑫．影视艺术摄像[M]．南京：南京师范大学，2009.

[11] 李培林．当代新闻摄影教程[M]．上海：复旦大学出版社，2007.

[12] 王利剑．电视摄像技艺教程[M]．北京：中国广播电视出版社，2008.

[13] 袁奕荣．电视摄像与高清摄像技术[M]．上海：上海大学出版社，2009.

[14] 赵成德．数字电视摄像技术[M]．上海：复旦大学出版社，2007.

[15] 尹梅晶．融媒背景下深度报道的特点与影响力研究[D]．哈尔滨：黑龙江大学，2022.

[16] 金钰．轨道摄像机器人控制系统设计[D]．南京：南京理工大学，2017.

[17] 陈力丹，荣雪燕．从ChatGPT到Sora：生成式AI浪潮下强化新闻专业意识的

再思考[J]. 新闻爱好者（上半月），2024（4）：4–8.
[18] 陈蔷伊，邓东林. 无人机航拍在电视新闻报道中的创新应用[J]. 中国广播电视学刊，2020（5）：117–119.
[19] 陈莎. 生成式AI在新闻生产中的应用、现实问题及其应对[J]. 青年记者，2023（19）：57–59.
[20] 佚名. 第一张印刷在报纸上的照片[J]. 新闻与写作，1993（2）：45.
[21] 丰峰. 电视新闻摄像的三个要点[J]. 青年记者，2014（30）：68–69.
[22] 付文雅，阚倩. 融媒体时代解释性报道的发展之路[J]. 传播力研究，2017，1（5）：82.
[23] 傅煦栋，董礼明. 虚拟演播系统在实景演播室的应用前景分析[J]. 电视技术，2024，48（4）：214–216.
[24] 方师师，贾梓晗. AI如何做新闻：基于全球106个案例的分析（2017—2022）[J]. 青年记者，2023（1）：56–59.
[25] 郭强. 全媒体时代新闻摄像记者的“多栖化”转变[J]. 新闻传播，2022（9）：119-120.
[26] 胡立德，王政. 新闻与纪录片摄像的本质异同[J]. 新闻实践，2004（5）：42.
[27] 何强，杨崧，曾学真，等. 智能技术引领新闻样态革新：新华社全国两会报道的虚实融合实践[J]. 传媒，2024（9）：19–20.
[28] 郝雨，文希. AI嵌入新闻生产的强势与限度：人机关系视域下ChatGPT与记者的新闻职业主场争夺[J]. 编辑之友，2023（11）：52–58.
[29] 韩铮. 冬奥会小试牛刀，速滑馆初露锋芒：特种设备在北京冬奥会速度滑冰比赛中的应用[J]. 现代电视技术，2022（9）：41–44.
[30] 金昕. 新媒体时代新闻摄像传播特点与趋势探析[J]. 记者摇篮，2022（12）：144–146.
[31] 康琳. 5G时代超高清VR全景直播系统的关键技术及其应用[J]. 天津科技，2024（51）：95–96，100.
[32] 李昂. 图像学视域下传播沉浸感的提升：以电视舞蹈节目为例[J]. 中国电视，2022（5）：46–53.
[33] 李晨赵. 融媒体时代下新闻行业的发展趋势以及策略探析[J]. 四川劳动保

障，2024（4）：121–122.

［34］李峰．虚拟演播室在新闻直播中的应用研究［J］．数字通信世界，2021（11）：173–175.

［35］李沁园．新媒体时代报纸新闻深度报道面临的挑战及应对建议［J］．中国传媒科技，2022（6）：47–48，70.

［36］李峤雪．无人机时代航拍技术的影像实践与审美突破［J］．当代电影，2017（5）：154–156.

［37］李炎．高清时代的新闻摄像［J］．西部广播电视，2015（2）：97–98

［38］刘颂．试论新闻摄影的真实性与艺术性［J］．记者观察，2021（17）：152–153.

［39］刘志强．浅析无人机在新闻报道中的应用［J］．新闻论坛，2017（3）：16–19.

［40］刘进．智能“机器人”拍摄装备对影视领域的影响及前景［J］．电视技术，2024，48（1）：48–51.

［41］刘珖．交互、融合、协调：省级电视台政务服务专用演播室设计［J］．影视制作，2024，30（7）：55–61.

［42］刘克非，宋婴．谈机器人的特点及在演播室中的应用［J］．传播力研究，2017，1（8）：185–195.

［43］刘育璁，田璐．无人机航拍：新闻报道的“新视角”［J］．新闻与写作，2017（4）：75–77.

［44］刘英杰，魏巍．数字时代调查性报道思想政治引领力的现实建构：以《新闻夜航》栏目为例［J］．传媒，2023（1）：49–52.

［45］刘芸丽，梁栋，常琳，等．AIGC时代深度报道的边界重塑［J］．传媒，2024（12）：20–22.

［46］梁君健．当代中国新闻摄影观念的形成：以“抓拍”为个案［J］．新闻记者，2017（4）：76–85.

［47］陆先高．变革与创新：AI引领媒体融合发展新趋势［J］．传媒，2024（12）：9–11.

［48］卢嘉杰，张晗．超验的在场：虚拟现实新闻的认知、体验与行动研究［J］．新闻界，2023（5）：16–27，40.

［49］罗艳．全媒体时代电视新闻深度报道面临的挑战与应对［J］．西部广播电视，

2018（16）：44–45.

［50］门中卫．抓拍：新闻摄影最基本的表达方法［J］．记者摇篮，2020（5）：85–86.

［51］聂嘉：电视新闻现场报道的传播特点及技巧探讨［J］．电视指南，2017（8）：192.

［52］潘琳琍．浅析网络新闻评论的突破和创新［J］．新闻世界，2024（4）：94–97.

［53］秦云笑．论电视新闻摄像的技巧［J］．传媒论坛，2020，3（6）：49–50.

［54］齐淮东．直面挑战，发挥优势，加强和改进深度报道［J］．青年记者，2010（30）：51–52.

［55］苏木金．新媒体时代提升深度报道效果的路径分析［J］．新闻研究导刊，2023，14（24）：88–90.

［56］孙蕾蕾．“虚拟”与“现实”的技术重构与再造：数智技术驱动下的视听内容生产变革［J］．当代电视，2024（6）：16–21.

［57］孙敏．融合传播语境下电视新闻深度报道创新探索［J］．记者摇篮，2024（1）：108–110.

［58］苏媛华．媒体深度报道应该注意的问题：以袁厉害事件报道为例［J］．管理观察，2014（29）：50–51.

［59］佚名．索尼发布REA-C1000新版固件Ver 5. 0：支持PTZ智能中心构图功能，助力AI智能拍摄［J］．影视制作，2024，30（1）：103.

［60］宋明谦．全媒体时代下新闻摄像路径探索［J］．新闻传播，2020（24）：66–67.

［61］申晨辉．新媒体背景下新闻摄像传播特点分析［J］．新闻潮，2021（12）：64–66.

［62］汤文慧．深度报道类新闻选题特点分析［J］．新闻研究导刊，2020，11（24）：150–151.

［63］田少煦，夏文英．数字媒介环境下动画影像的色彩情感及色彩设计研究［J］．现代传播（中国传媒大学学报），2023，45（3）：103–110.

［64］童瑾．继承、突破与变化：传感器新闻的应用与优化［J］．传媒，2023（14）：59–61.

［65］王梦君．电视新闻现场报道的特点与真实性［J］．才智，2013（23）：358.

[66] 王学孟. 电视新闻解说词的主要特点[J]. 青年记者，2012（7Z）：122.
[67] 王颖莉. 从重大新闻事件看电视新闻深度报道优势[J]. 新闻研究导刊，2015，6（16）：120.
[68] 王哲雨. 影响电视新闻摄像质量的关键问题探究[J]. 科技传播，2017，9（6）：1–2.
[69] 吴钢. 影响电视新闻摄像质量的关键因素[J]. 传播力研究，2019，23（8）：257.
[70] 吴小坤，邓可晴. 算法偏见背后的数据选择、信息过滤与协同治理[J]. 中国出版，2024（6）：10–15.
[71] 吴线. 电视新闻制作形式与拍摄的创新[J]. 新闻战线，2017（13）：114–116.
[72] 魏博. 新媒体背景下电视新闻深度报道的传播力提升策略[J]. 卫星电视与宽带多媒体，2024，21（7）：91–93.
[73] 温洮. 电视新闻深度报道的基本逻辑与新形态：评《电视新闻深度报道（第二版）》[J]. 传媒，2023（8）：99.
[74] 万书亮，李窦逗. 同期声在融媒体时代新闻传播中的作用[J]. 电视研究，2019（6）：81–82。
[75] 伍一婷. 深度报道短视频化的优势和出路探析[J]. 视听，2023（5）：142–145.
[76] 武振宇. VR技术在电视新闻中应用探析[J]. 中国传媒科技，2018（4）：80–81.
[77] 徐学明，李尔. 4K超高清虚拟演播室设计与实施[J]. 现代电视技术，2021（12）：67–71.
[78] 薛天. 浅析电视新闻现场报道的传播特点[J]. 重庆科技学院学报（社会科学版），2011（11）：147–148.
[79] 谢金文. 新闻本体问题新探[J]. 重庆工商大学学报（社会科学版），2024（5）：1–9.
[80] 夏恒瑾，陈和洲. 调查性报道在媒体融合中的创新突破：以盐阜大众报报业集团所属媒体为例[J]. 中国地市报人，2022（3）：146–148.
[81] 夏春玲，周小军，汪红潮. 虚拟演播室技术在新闻资讯直播节目中的应用

[J]. 现代电视技术，2008（10）：58–59.
[82] 肖勇. 摄影记者如何应对新闻视觉化[J]. 传媒观察，2008（6）：60.
[83] 杨晓蕾，唐珂. 虚拟技术在财经新闻中的应用[J]. 电视研究，2023（1）：103–105.
[84] 叶德. 浅析演播室混合光源的色温与光圈控制[J]. 电视技术，2015，39（10）：91–93，97.
[85] 张于兵，张博文. 智能拍摄技术在演播室的应用研究[J]. 广播与电视技术，2020，47（5）：62–64.
[86] 张蓝姗，徐瑗桐. 变革与重构：Sora在影视创作中的应用与挑战[J]. 中国电视，2024（4）：84–91.
[87] 张晓宇. 新闻摄像如何更好适应新媒体[J]. 新闻传播，2023（12）：118–120.
[88] 赵万斌. 场面调度的扩展和延伸[J]. 电影文学，2007（17）：77–78.
[89] 周葆华，陆盈盈. 生成式人工智能影响下的新闻生产创新：实践与挑战[J]. 青年记者，2024（3）：4–11.
[90] 中国互联网络信息中心发布第53次《中国互联网络发展状况统计报告》[J]. 国家图书馆学刊，2024（2）：104.

附录

学生新闻视听作品赏析

序号	时间（年）	作品名称	制作方/承办方	类型	内容
1	2023	《《回归纸质阅读，留住一方书屋》》 扫描二维码 观看视频内容	河北师范大学新闻传播学院出品	深度报道	当下实体书店面临着网络的巨大冲击，导致销售量和人流量都在下降。而有一些书店通过改革凭借优质品牌服务，设立人性化的书吧、茶吧以及阅读区，吸引了更多的读者，营造了浓厚的读书氛围。该新闻作品通过挖掘现在实体书店面临的问题，并对这种现象进行了多角度、多维度的分析，关注了纸质图书发展的热点问题，使该新闻作品更加专业而有深度
2	2023	《大学生英语竞赛》 扫描二维码 观看视频内容	河北师范大学新闻传播学院出品	新闻消息	第23届全国大学生英语竞赛在全国多所高校同步举行。该竞赛始于1999年，现已成功举办23届。该竞赛意在配合教育部高等教育教学水平评估工作，贯彻教育部关于大学英语教学改革和考试改革精神，激发广大学生学习英语的兴趣，促进大学生英语水平的全面提高。本作品通过对参与竞赛的考生的采访，真实记录了他们在备赛过程中的付出与收获，以及对英语学习的感悟，期望能激励更多同学重视英语学习，在知识的海洋中不断探索前行
3	2023	《科创产品设计大赛》 扫描二维码 观看视频内容	河北师范大学新闻传播学院出品	新闻消息	河北师范大学科创产品设计大赛圆满举行，同学们怀着对机器人和科技的热爱，积极投身于机器人的制作和科技创新中。该新闻报道作品符合“创新促发展，探索新时代”的主题。通过对参赛人员的采访，增强了观众对科创作品的了解，使观众产生更多的兴趣去探索、去发现这个领域的创新点，并找到自己热爱的科技产品

续表

序号	时间（年）	作品名称	制作方/承办方	类型	内容
4	2023	《校园“running man”活动》 扫描二维码 观看视频内容	河北师范大学新闻传播学院出品	新闻消息	河北师范大学校园“running man”活动顺利开展，该报道通过展现活动现场体现出同学们在活动中的活力与协作精神。报道分别采访了工作人员和参赛人员，采用简洁、高效的报道方式，在采访时精准提问，深入了解活动的环节设置和现场状况，使报道内容丰富且生动。同时，让观众真切感受到同学们在活动中收获的友谊与团队凝聚力，凸显出此类校园活动对学生成长的积极意义
5	2023	《应急玫瑰》 扫描二维码 观看视频内容	河北师范大学新闻传播学院出品	新闻评论	“应急玫瑰”出现在河北师范大学校园中，有需要的人可以将这些玫瑰送给身边的人，可能是好朋友，可能是亲人，也可能是爱人。通过这种方式，留住青春的浪漫，共享友谊的真挚。这种传递爱的方式体现了“5·20”的浪漫不止在情侣之间，也在朋友和家人之间。而这些特殊的玫瑰惊喜，也送给了即将毕业的同学们，希望他们将这份爱永远留存在河北师范大学
6	2023	《春季运动会》 扫描二维码 观看视频内容	河北师范大学新闻传播学院出品	新闻消息	这篇报道通过对河北师范大学2023年春季运动会的顺利举行，展现了同学们别样的风采和青春。报道中分别采访了体操人员和参加各项竞技的运动员。报道方式清晰、简单、明了，直击问题，带领观众了解运动会的细节和过程，使整篇报道更加丰富有色彩。同时，对于运动员的感受进行了细致采访，也让观众了解到运动员赛场上挥汗热血的拼搏和顽强奋进的优秀品质，让这场运动会的报道更加有深度

后记

自2014年8月18日，中央全面深化改革领导小组审议通过《关于推动传统媒体和新兴媒体融合发展的指导意见》以来，媒体融合作为国家战略已在中国深入推进十年之久。媒体融合不仅成为中国新时代新闻话语变迁、技术革新、观念迭代及传播策略演进的关键词，更深刻反映了以习近平同志为核心的党中央对全球变局下我国媒体转型创新的战略指引。本书旨在围绕媒体深度融合的视角，依托国家战略导向，审视媒体融合的现状与挑战，结合国内外通讯社、广播电视及新兴媒体平台的案例，系统剖析新闻内容生产、形态创新、模式重构及实践范式的变革。

具体而言，首先，本书追溯了新闻视听自摄影技术诞生以来的发展历程，强调了真实性、客观性与即时性的专业标准。其次，分析了新技术背景下新闻视听内容的视觉元素构成，以及如何通过创新手法提升画面表现力。再次，本书探讨了新闻消息、新闻评论及深度报道中的影像特点与实践应用，揭示了融媒体时代新闻视听的新特征与新挑战。最后，聚焦于智能化新闻视听拍摄技术的范式重塑，阐述了高精度、轻量化设备、5G、4K/8K超高清技术等如何推动新闻视听生态的创新，以及智能手机与智能拍摄装备对新闻生产方式的变革。技术的发展降低了拍摄难度与创作门槛，加速了新闻信息传播向“全民制作”与“快速分享”时代的迈进。

在撰写过程中，笔者深切体会到新闻视听领域面临的双重挑战与机遇。一方面，技术进步与媒体形态多样化导致新闻视听内容的创作与传播方式发生深刻变革，传统新闻生产模式难以满足公众对信息的多元化需求与审美变化。5G、区块链、人工智能等前沿技术的持续进步与应用，为新闻视听领域带来革命性的变化。这些技术不仅显著提升了新闻内容的采集与制作效率及质量，还极大地拓宽了传播渠道，使得新闻信息能够以更加迅速、准确的方式传递给受众。另一方面，我们必须清醒地认识到，新闻视听领域的这场变革并非一帆风顺。算法偏见、新闻生产主体性的转移、信息壁垒的构筑以及深度伪造技术的滥用等问题亟待解决，也让人们进一步审视新闻智能化发展的未来，技术将为新闻带来什么？在人机耦合的当下，新闻把关人如何重新定位？在“快传播”和后真相时代如何把握新闻的本质？

正如海德格尔对技术本体的深刻洞察所言：“当锤子在调解我们对世界的体验时，它本身就消失了。”技术本身的双面性并不可怕，可怕的是我们尚未意识到技术对我们认知思维与世界体验的影响，就已经陷入技术危机之中。因此，在技术不断变革的当下，我们需要主动揭开那些长期以来被各类媒介形态所“遮蔽”的技术本质，重新思考技术对新闻业的深远影响，找到“人们需要何种新闻，新闻应该是什么”的答案，毕竟无论技术如何变革，其终极目标都是为了服务于人类新闻与传播事业这一历史悠久、承载伟大使命与重要功能的领域。

感谢主持河北省社科基金项目的所有成员，感谢硕士研究生揣欣萍、田家骏、马钰鞍、肖李衣佟、钟观萍、李金蔓，本科生祁雯、魏鑫等，他们前期整理的经典新闻案例、报告文献，使得本书的撰写得以顺利完成。因为文字的限制，本书仅选取了部分代表作品进行分析、讨论。书中所有涉及学生案例作品均与团队制作人、出品方商榷并得以允许使用在本书中。值此书稿即将付梓之际，笔者对所有为本书撰写提供宝贵意见，并给予支持与帮助的同仁、专家与学者表达诚挚的感谢。他们的意见与建议极大地丰富了本书内容，提升了其学术价值。另外，为了对书中重要知识点及案列做更好的解读，笔者对一些相关新闻视频进行了截取示范，但无法查询到原视频拍摄者，仅在载图上保留了视频来源信息，在此对这些视频拍摄者表示感谢。我们期待本书能为新闻视听领域的从业者提供有益参考，为新闻媒体行业的长足发展贡献力量。未来，我们将持续关注新闻视听领域的发展动态，为公众提供更优质、丰富的新闻视听内容。

申林写于河北师范大学

2025年2月25日